［美］史景迁 著

张祝馨 译

王氏之死

The Death
of Woman Wang

南海出版公司

新经典文化股份有限公司
www.readinglife.com
出 品

逝去的，被埋葬了吗？还是又一块缺失的碎片？

但并没有任何东西消逝。或者，一切都只是转化。我们的每一部分都消逝于其中。

——詹姆斯·梅里尔

目录

1 致谢
3 序

9 第一章 观察者
35 第二章 土地
57 第三章 寡妇
71 第四章 争斗
89 第五章 私奔的女人
117 终曲：审判

123 注释
143 参考文献
149 附录一：《福惠全书》卷十四
157 附录二：《郯城县志》卷九

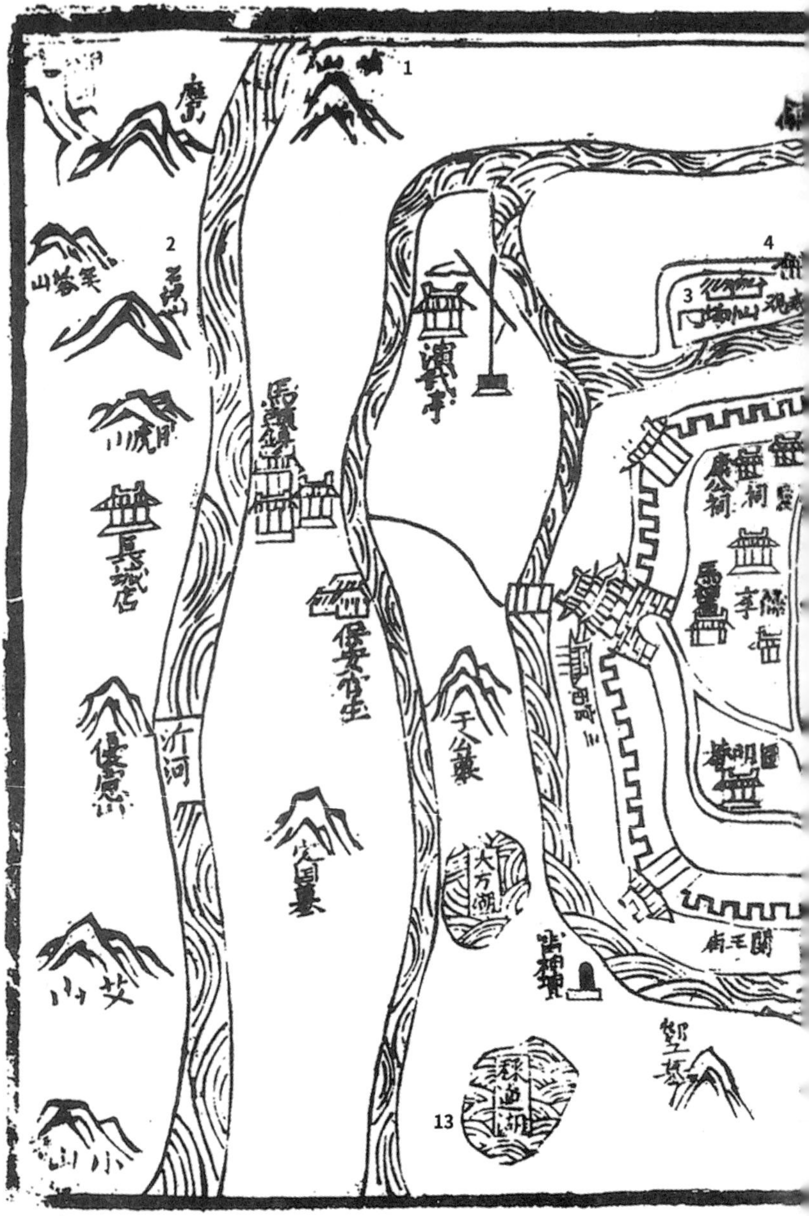
沂河
演武亭
保安寺
長城店
于公墓
大方湖
艾山
關王廟
1
2
3
4
13

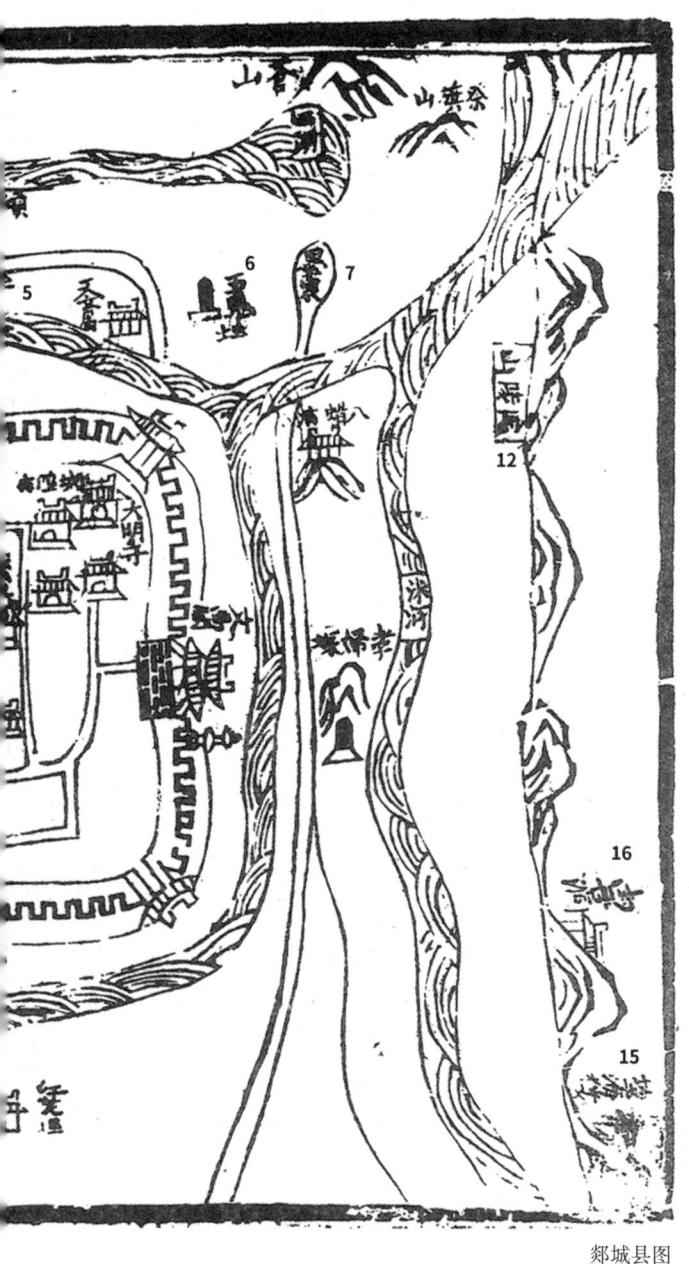

1. 峰山
2. 石梁山
3. 山川坛
4. 仁威观
5. 玉清宫
6. 五鬼坛
7. 墨泉
8. 遗爱祠
9. 儒学
10. 郯城县衙
11. 察院
12. 马陵山
13. 采蓬湖
14. 口集
15. 望海楼
16. 由吾洞

郯城县图
引自《郯城县志》(1673年)

宅 四衙 馬房 庫

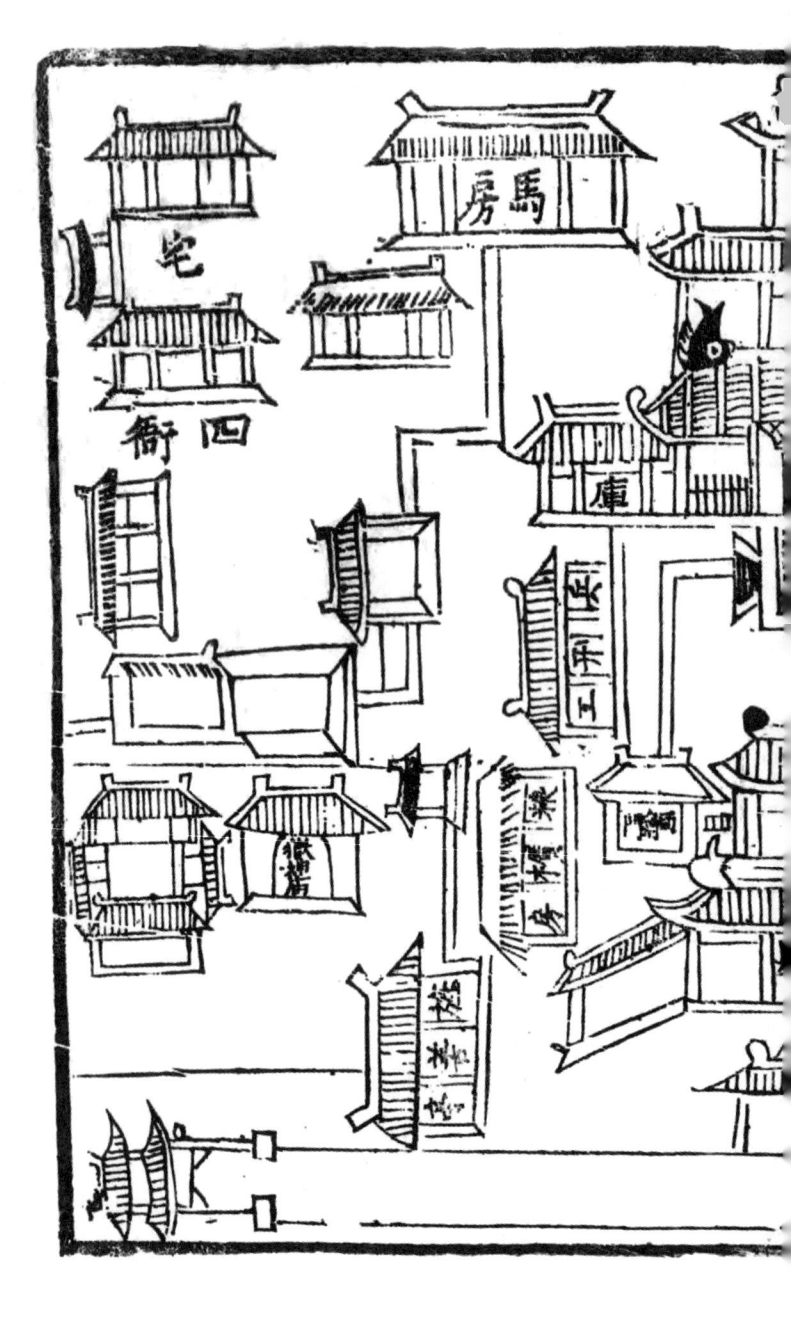

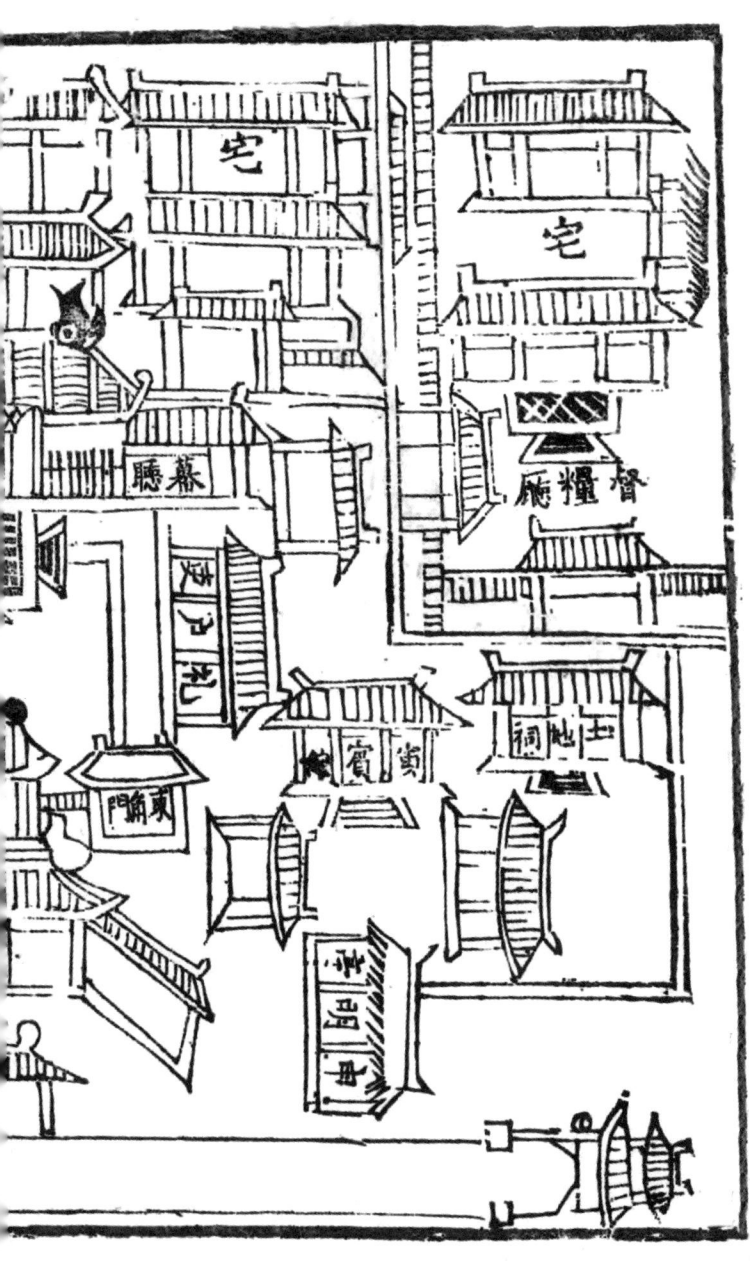

郯城县衙
引自《郯城县志》(1673年)

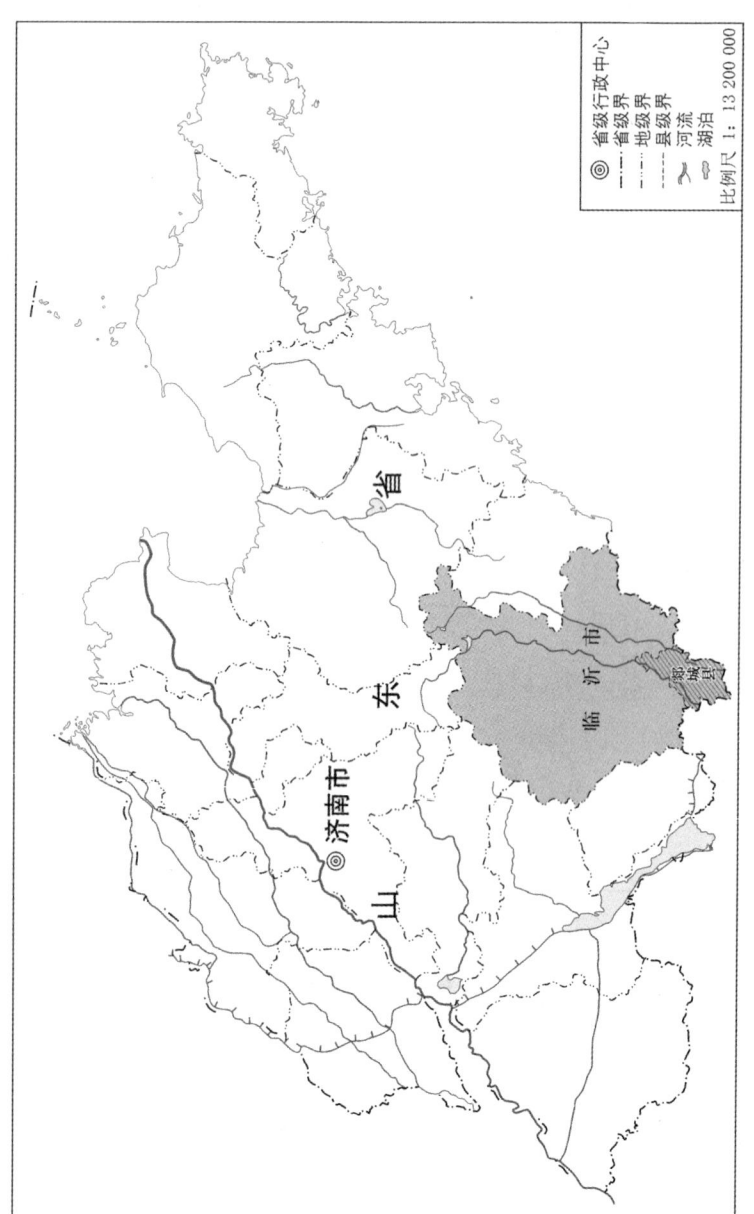

| 省级行政中心
| 省级界
| 地级界
| 县级界
| 河流
| 湖泊

比例尺 1: 13 200 000

省 东 山

⊙济南市

临沂市

郯城县

今郯城县位置

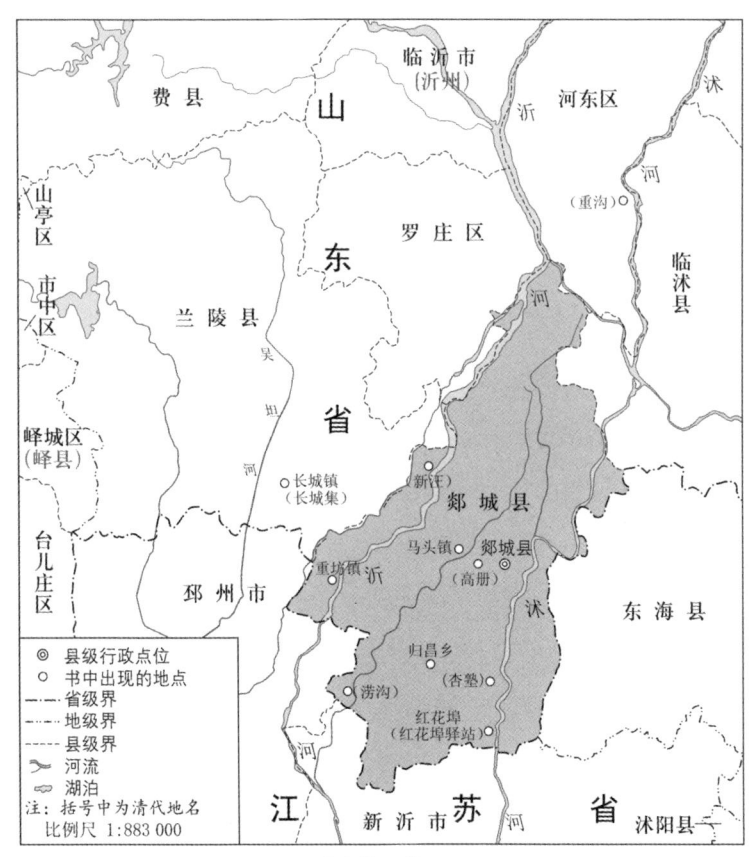

今郯城县范围

致谢

感谢许多图书馆馆长及其员工的礼貌相待和及时协助,尤其是耶鲁大学的马敬鹏(Anthony Marr),以及剑桥大学图书馆、芝加哥大学图书馆、哥伦比亚大学图书馆、哈佛燕京图书馆、伦敦大学亚非学院和东京内阁文库的馆长与工作人员。

除了耶鲁大学的同事和学生给予的帮助外,在哈佛大学(法学院、人类学系和历史系)、蒙特霍利约克学院和普林斯顿大学举办的讲座中,听众对本书早期各种构思所做的评论与批评也令我受益匪浅。

我也很感激黄伯飞(Parker Po-fei Huang)、谢光正(Andrew Hsieh)和吴秀良(Silas H. L. Wu)为本书的翻译和注释提供帮助。三位都慷慨奉献了自己的时间与知识。还要感谢安娜·玛利亚·因索莱拉(Anna Maria Insolera)、莎莉·博佐拉(Sally Bozzola)、露丝·库尔茨鲍尔(Ruth Kurzbauer)、弗洛伦斯·托马斯(Florence Thomas)以及伊丽莎白·西夫顿(Elisabeth

Sifton）。

最重要的是，我希望能够向已故的芮沃寿（Arthur Wright）教授表达感谢。这一次，也是最后一次，他一如既往，在与我的交谈中耐心地审阅了无数段落，并以敏锐的思辨、热情和活力对本书早期的草稿做了评论。在酋长之首（Sachem's Head）的夏夜海滨，我们边走边讨论着王氏与郯城县。那是我们最后一次散步，我将永远珍藏于心。

序

本书以17世纪中国北方一隅为背景。确切地点是山东省一个名为郯城的县城,故事大半发生于1668年至1672年间。本书聚焦于当时当地那些非士绅阶层的平民身上:农夫、雇工及其妻子。他们陷入困境之际,没有官场关系帮他们应付,也没有强大的宗族组织可以倚赖。我在四次小危机的背景下观察这些百姓:第一次涉及土地耕作及赋税征收;第二次是一名寡妇试图保护其子嗣及遗产;第三次是地方恩怨引发的暴力事件;第四次,是一名姓王的妇人无法再忍受生活现状,选择逃离郯城的夫家。我称这些为"小"危机,是就整个历史记载的脉络而言。而对于身处其中的人,这些危机至关重要,是他们的命途祸福之所在。

我力求让此故事保持乡村和地方色彩,因为前人对近代以前中国乡村所做的描述,并非取材于特定一处,而是汇集了广大地理范围和漫长时间跨度中的各种证据,这个过程不可避免地将人去个体化。除此之外，当人们进行地方性研究时，往往并不聚焦于乡村本身，而是更关注本就有特色和名声的地区，例如当地出过多少才俊人物，或是当地曾爆发的叛乱之残酷、经济环境多样性和重要性，以及社会组织的历史复杂性。然而，郯城是个名不见经传的小县，它在17世纪没有任何杰出人物出现，经济和社会状况的资料也十分稀缺。尽管多灾多难，民众却并未想到叛乱。

从历史中唤回穷人与被遗忘者的生活往往是很困难的。讽刺的是，尽管中国对州县历史的编纂周备详尽，大多数地方记录却未见保存。我们通常找不到仵作验尸报告、行会交易记录、详细的土地租赁记录，也找不到各区域出生、婚姻和死亡的登记册——正是这些资料让我们对欧洲中世纪后期的历史有非常详细的了解。不过，还是能找到一些零星的资料。我在试图深入郯城世界的过程中，主要依靠三种不同的资料来源。

第一种是编纂于1673年的《郯城县志》。传统中国的县志通常遵循一种模式：由受过教育的士绅精英编纂，他们按顺序处理县史的一些主题，如该县的地理位置与地形、城镇与城墙、地方的官署与衙门、庙宇、土地与税收制度、地方名士与在职官员的传记（包括那些被认为格外"忠贞"或"高洁"的妇女）。若是军队、盗匪或自然灾害直接影响该县，也会被记载下来。《郯城县志》在内容或体裁上并无特殊之处，但对该县的民生疾苦，其描述写实而生动。这类方志中细节的丰富程度，往往与事件的发生年代与编纂年代之间的距离成正比。《郯城县志》编纂于1673年,这意味着,编者对过去几十年事件的记忆是严肃的平铺直叙;县志主编冯可参似乎也乐于编纂一部真实的凄凉记录,而不以怀旧或得体的笔触加以粉饰。

第二种资料是士大夫黄六鸿于17世纪90年代撰写的一部个人回忆录兼县官官箴。同样,这并非什么新体裁。此类官箴从前就有,旨在指导官吏如何评估自己的职责,以及如何依个人利益与县内百姓利益行事(二者有相当一部分重叠,因为如果施政者因贪婪、愚蠢、残暴或无能而激起民愤,致使百姓抗争或拒纳赋役,知县将被重罚或免官)。整个17世纪,中国各地知县共一千四百人,他们都处境艰难。因为他们虽然拥有强大的地方管辖权,承担了地方上首要司法官、财政官及公共安全守护者的职责,但在复杂的官僚体系中亦属于低级官员,上有知府,再往上是巡抚,再至京城六部及皇帝本人。此外,一套精密编纂的行政法典也在约束他们的日常行为,就如体量巨大的《大清律例》。它发展自明朝的先例,力图将所有已知的犯罪或越轨行为系统化,并规定了各类罪行的固定惩罚措施供上级长官参考。知县们也要对辖区内的一切失职行为负责。黄六鸿于1670年至1672年担任郯城知县期间,与同时代的在任者一样,也受制于此类约束与压力。但黄六鸿的观察力异常敏锐,注重细节,追求准确:他在撰写官箴时,时常会记述某起特定事件发生的准确时辰或(阴历)日期,以及某一特定交易或冲突中涉及的确切金额或参与人数及身份。这与《郯城县志》或其他同代记录中的细节相互印证。因此，黄六鸿并不满足于泛泛而谈；在官箴中，他以个别例证阐明自己对行政与法律的观点，而本书的核心部分正是取材于郯城县的四个案例。

第三种资料是散文家、短篇小说家和剧作家蒲松龄的作品。蒲松龄住在淄川县靠北，与郯城仅隔着一片群匪盘踞的山丘。他在西方世界并不出名，却是中国最杰出的天才作家之一。我发现他于17世纪70年代在山东地区从事写作，并于1670年和1671年经过郯城，于是决定以他的视角来填补冯、黄二人更套路化的历史和行政著作中的空白。虽然冯可参与黄六鸿意外引领我们深入郯城的一个重要领域——个体的愤怒与不幸，但他们无意探究另一些领域——孤独、性爱、梦想，正是后者令蒲松龄着迷。因此，我从他的众多面向中选取了三个来描述：山东记忆的记录者、民间故事的讲述者，以及意象的塑造者，在最后这个身份中，他有时具有惊人的魅力。在我看来，唯有通过蒙太奇的形式，将这些人物及意象拼贴组合，我们才有可能从那个过往世界的其他资料中突围，更接近妇人王氏死前在睡梦中的所思所想。

因此，本书始于妇人王氏，自然也以王氏终结。数年前，我偶然在图书馆中读到她的故事，她引我进入郯城，引我发现郯城历史的悲痛，引我第一次了解一个在所有可见的财富、影响力和权力上都分配不均的边缘县城。我至今仍不知她的故事能在多大程度上折射出整个清朝的境况，但我猜想应当有许多像她一样的妇女和像郯城一样的县城，人们在这里忍受苦难，缴纳税赋，却得不到相应的回报。

我对王氏的反应幽微难言。于我而言，她就像是退潮时海水中一块闪闪发光的石头，我怀着几分遗憾从浪涛中将它拾起，心知随着阳光蒸干水分，石头上的色彩也会逐渐褪去、消失。但这块石头的色彩与纹理并未消散，反而在我手中变得更加鲜明。我时不时还能感受到，这块石头正在向握持着它的血肉传递温度。

史景迁
蒂莫西·德怀特学院
耶鲁大学
1977 年 5 月 15 日

第一章　观察者

1668年7月25日[①]，山东郯城，一场地震突如其来。时值日暮，明月初升。灾难毫无预兆，只听到一声不知从何处传向西北的骇人轰鸣。城中屋舍开始震颤，树木摇曳，似有律动，随即前后摇摆得愈发猛烈，枝梢几乎触地。紧接着又是一次剧烈震动，绵延的城墙、城垛、官衙、寺庙，以及千万民宅悉数倾覆。街巷之上，房基之下，裂缝纵横，水柱喷涌而出，高达二三丈，水流倾注路面，漫溢沟渠。试图保持站姿的人，脚下宛若石球狂转，最终仆倒在地。

郯城人，或如李献玉，身陷裂隙之中，却被地下水流托起，得以紧抓地缝边缘幸存；或家舍被震为两半，侥幸于厢房中生还，而仓房早已沉入地下；或目睹亲人陷落而绝望无助：高德懋本与妻妾、儿女、眷属、仆从共二十九口人同居，最终却唯

[①] 即康熙七年六月十七日。——译者注

有他及一子一女幸免于难。

地震来势匆匆,去势亦然。大地归于平静,流水淙淙而退,露出地表裂隙,边缘尽是泥沙。断壁残垣层层堆叠在陷落处,犹如一段段巍峨的阶梯。

于1673年纂修《郯城县志》的冯可参写道,命运对郯城仿佛"入井而投之石"。冯可参又引述近百年前当地一位史家对郯城的两项概括观察:其一,在专记地方事件的编年志中,"灾异"与"祥瑞"应当有均等记载,而在郯城,十事有九皆属灾异;其二,自然常以十二年为一循环,六年丰饶,六年饥馑,而在郯城,十二年中每年必有一次重大饥荒。

冯可参在郯城县住了五年,生活多艰。他于1668年至郯城担任知县,却因境内朝廷驿站之财政与马匹管理不力而遭免职。他穷困潦倒,或因丢了官而羞于返回福建邵武老家,留在郯城靠当地士绅救济及卖文为生。但他毕竟在1651年就考取了最高的进士功名,而当时在郯城,除他之外再无人拥有此等阶位,本地人连次一级的举人之衔也未获得。因此冯可参在郯城备受尊重,可以通过教书及一些零星差事(如担任《县志》主编)挣得些许钱财。1673年,他尚未完成《县志》的编纂,回到福建,但此次归乡只带给他更多不幸。冯可参返乡时适逢三藩之乱爆发,叛军强迫他与许多文人及前任官员出任"官职",但他拒绝了(他年轻时,得知最爱的唐代诗人李白曾于叛乱者永王李璘麾下作诗后,便拒绝再读李白的诗作)。为躲避叛军报复，冯可参隐居福建山中，而山区恶劣的天气最终夺走了他的性命。

或许正是因为有了郯城的凄惨经历，冯可参在为《县志·户赋志》所作的几篇序中，才对该地之贫困、百姓之疾苦，以及当地士绅在纾解困境上的无能写得如此坦率。他对郯城县的灾害统计颇为关切，再三回溯：据他估计，17世纪70年代初期，郯城人口仅为五十年前晚明时的四分之一——明代末年，郯城人口一度稳超二十万，而今仅余约六万。登记纳税的耕地面积也由三百七十五万英亩降至不足一百五十万英亩[①]，骤减近三分之二。冯可参考察发生在其就任知县仅数月之后的1668年地震时，笔下数字变得更为精准。为强调自己的观点，他将郯城与北邻更大的沂州进行比较：沂州县有一百零八个社，郯城只有四十五个；在这场地震中，沂州有一万两千人遇难，而郯城（人口不及沂州的半数）就有近九千人殒命。

及至1668年，郯城百姓已经饱受苦难近五十载。许多人于1622年的白莲教起义中丧生，彼年，在山东遭苦受难之际，教徒乘势而起，劫掠郯城周遭城邑，劝诱成千上万农民携带微薄家当，驾车或徒步背井离乡。叛军头领，如邻近邹县的侯五等人，为穷苦百姓构筑了一番"金山、银山、面山、米山、油泉、酒井"的愿景，并向虔心皈依之人承诺他们将"终身不贫"。

[①] 此处换算方式见本书125页作者注，后文数量单位均依史料原文转换。——编者注

而这些背井离乡者，最终不是陈尸山野，便是为官军斩杀，抑或丧命于山东乡民之手，后者为捍卫家园免受这些亡命之徒侵扰而奋起抵抗。

17世纪30年代，更多郯城人因饥饿、匪患或疾病死去；40年代，新一轮灾厄开始了。1640年，巨量蝗虫涌入郯城，摧毁了夏旱后所剩无几的小麦，还在田间产卵。百姓封锁门窗欲将蝗虫隔挡在外，然而这些虫子附于屋墙之上，钻入人们的衣裳，甚至顺着烟囱向下爬，其重量足以压熄炉火。这年冬季的饥荒持续至来年春天，郯城农户欲描述此灾，只得借俗语让绝望合理化："兄食其弟，夫食其妻，辄相谓曰：与其为人食，不如吾自食，稍延旦夕之命。"或是，"与其父子兄弟夫妻俱毙，不如食父食兄食夫，以自延其命也"。《县志》记载，最亲密的朋友也不敢在乡间同行。

饥荒过后，盗匪随即而至。1641年4月，一支数千人的庞大队伍自沂州南下，攻入郯城。他们劫掠了位于县界的集镇李家庄，随后向西南行进至马头镇，同样洗劫了此地，停留三日后，纵火焚毁商铺与民宅，遂东行围攻郯城县城。但一众贼寇在马头镇停留的三日，给了郯城百姓组织防御的时间。他们以石块及泥土封闭城门，在城墙上架设火炮备用，并由老兵王英等人率领，整编当地的防御力量。1622年白莲教作乱期间，王英守卫郯城，表现卓越，以至当地士绅向朝廷（成功）请求授其把总之职。

一块石碑刻有1641年郯城保卫战中二百九十二名守卫者的姓名,从中可窥知该县显贵如何涌入城中,寻求自保。在碑上位居前列的是两名徐姓人士及学者杜之栋。徐姓二人是1594年中举的当地名士的弟弟和儿子,其田产位于西边的归昌。学者杜之栋也于1624年中举,杜家田产位于东北八十三里外的夏庄社,至少有十二位族人列于守卫者名录。其他望族,如高册社的张家、刘家,池头社的李家,也有众多族人列名其中。还有来自郯城各地的近九十位秀才,约占当时全县秀才人数三分之一,另有三十位已获知县认证的童生。此外,还有近二十位地区或城镇的社长、哨长,他们显然将本应守护的村社弃于身后,逃至郯城县寻求更安全的庇护。碑上还有下级守备、医官、书吏、衙役、商人、炮手、家丁,列名最后的是一位道士。

4月15日早晨,这群人和其他姓名未见于石碑的郯城百姓力克贼寇。几发炮弹幸运地命中对方营地,又有突如其来的狂风卷起沙石,阻挡了贼寇的前进。最终,叛贼放弃进攻主城,转而劫掠城郊,随后向南朝红花埠驿站及村镇而去。红花埠有充足的马匹供给通往中原之路,又有艳名远扬的妓院,二者将他们引诱至此。在此地,先前的狂风沙暴迫使百姓躲在家中,紧闭门户。由于没有察觉贼寇逼近,他们来不及逃命便遭屠戮,或因房屋被焚而葬身火海。此次劫掠之后,贼寇前往江苏,于5月末卷土重来,又停留三日,扫荡了夏庄集镇周围的大片村落。

在如此短促而猛烈的突袭中,穷人屠掠穷人,士绅阶层则能躲在郯城城墙之后避难。然而，1643年1月，当阿巴泰将军率满洲军队攻入郯城时，连最富有者也无处可逃：死者中有许多曾参与1641年战役并幸存的人士。《县志》中有简略记载：

十五年十二月十一日（1643年1月30日），大兵破城，屠之。官长俱杀，绅士、吏民十去七八。城之内外，共杀数万余人。街衢宅巷，尸相枕藉。残伤孑遗，践尸而行，民伤大半。至十六年正月初三日（1643年2月21日），大兵营于境内。南自沈马庄，沿沭河，西北至沂州，上下七十余里，相连五十四营。驻扎一十二日，阖境焚掠，杀伤甚多。又攻破苍山堡，杀死人民男妇万余。

阿巴泰将军回满洲后，在向清帝呈递的报告中，对具体村社的细节不屑一提，只说从华北一带获得：

黄金万有二千二百五十两，白金二百二十万五千二百七十有奇。珍珠四千四百四十两，各色缎共五万二千二百三十匹。缎衣、裘衣，万有三千八百四十领。貂狐豹虎等皮五百有奇。整角及角面，千有一百六十副。俘获人民三十六万九千名口。驼马骡牛驴羊，共三十二万一千有奇。外有发窖所得银两，剖为三分，以一分给赏将士，其众兵私获财物，莫可算属。

1644年，李自成的起义军夺取北京城，明朝灭亡。随后起义军又被获胜的满洲军队驱逐出城。然而，这些在中国历史上如此重要的事件，却几乎没有出现在郯城的地方记载中。《县志》仅描述，京城陷落后"境内大乱，土贼蜂起，所在焚杀数月不宁，人民大残"。获胜的满洲军队如今已不再是中原大地上的劫掠者，而成了征服者。对于1644年他们攻入郯城县城的时刻，我们几乎一无所知，只知是幸免于难的举人杜之栋（其妻及幼子于一年前被满人杀害）带领郯城百姓从城墙后面走出，正式向清军投降。

满人入主中原，允诺恢复秩序与繁荣，终结前朝的腐败无能，但这并未给郯城的命运带来明显的转变：17世纪40年代末至50年代末的十年间，郯城一仍其旧。1649年，沂河泛滥，冲毁马头镇下游五十余里地的秋收庄稼。1651年秋，沂河与沭河相继泛滥，大量河水倒灌至田野之中，新知县只得乘船驶过被水浸透的土地赴任。次年夏季，连番暴雨摧毁了地里的小米与高粱，其后两河再度决堤，是年冬季迎来一场饥荒。1659年暮春①，经过十六天连绵不断的降雨，两河又一次泛滥成灾。此时正值大麦与冬小麦的收割时节。农民只能眼睁睁看着割下的麦捆随波漂去，未收割的沉重麦穗淹没在水里，无可奈何。

更多贼寇与这些自然灾害同时出现。1648年，自西北山

---

① 据《郯城县志》，此次水灾发生于顺治十六年（1659）五月初，应为夏季。——编者注

区而来的土匪扫荡了马头镇；1650 年，山东西部菏泽县一支土匪团伙被驱离营寨，随即劫掠了归昌集镇，扫荡了周围地区；1651 年，又一股土匪被官军赶出营寨，朝西北方向流窜，他们突破郯城防线，洗劫了该城。《县志》记载了郯城每一次遭袭时发生的沉痛故事：1648 年，十七岁的姚氏女被土匪拖出家门，她不断咒骂匪徒，直至被砍下手臂，夺去性命；1650 年，孙氏妇的家舍被贼寇焚为灰烬，她在贼人的注视之下，从余烬中捡拾丈夫与婆婆的骸骨，落土安葬；十五年来从各种战乱与劫掠中幸存的杜之栋，在 1651 年袭击中因不愿成为暴徒勒索赎金的人质，对其破口大骂，于家中被害。除了衣物，幸存者往往无法从成堆的尸体中认出自己的家人，无奈之下，只得任由这些死者葬于万人冢。

黄六鸿于 1670 年赴郯城任知县，发现当地百姓的困境是在看似逐渐崩解的世界中寻求肉身与道德的基本生存法则。夏季就任后，他向当地士绅及百姓详询了此地境况，以下是他对众人回答的记录：

> 切照郯城，弹丸小邑，久被凋残。三十年来，田地污莱，人烟稀少。极目荒凉之状，已不堪言。复有四年之奇荒，七年之地震，田禾颗粒无收，人民饿死大半。房舍尽皆倒坏，男妇压死万余。即间有孑遗，昼则啼饥号寒，夜则野居露

处。甚至父子不能相顾，室家不能相保。老弱转徙于沟壑，少壮逃散于四方。往来道路之人，见者酸心流涕，意谓从此无郯民矣！

历经几个世纪，中国对农村苦难的描述已逐渐形成一套固定书写模式。类似上述引文可见于众多方志与官员回忆录，通常只是堆砌辞藻，缺乏实质。但至少对郯城而言，此段描绘是切实可感的。兖州府下辖二十七县，以郯城与沂州最为贫困。黄六鸿比较二者时，发现郯城的境况显然更为严峻。明末，县下设有八座应急谷仓，分别位于四个乡、马头镇、南部驿站、县城及西北的神山。至1670年，八座谷仓已悉数被毁。当地幸存富人不愿再施捐赠或重建仓库，政府提议只出借紧急用粮，由县府以固定利息偿还，直至本金全部还清，他们也不予理会。县里原本为准备科举考试的生员设有六所社学和三所义学，其校舍的租赁收入可用于教师束脩，校内还有土地及菜园，然而这些学校同样已经损毁或荒废，当地富户也不再修复。他们宁可请塾师来家中教导子弟，也不愿与乡里共享资源。1668年大地震毁坏了县里的诸多屋舍楼阁及大片城墙，但即便在此之前，多处建筑也早已沦为废墟。县医馆消失无踪，南往宿迁的通衢大道上方的桥梁也已倾圮，各座寺庙亦被毁坏殆尽。

黄六鸿出生于河南一个并不显赫的官宦门第，他博学聪敏，登科中举。郯城知县是他入仕的起点，其职责便是将郯城分崩离析的社群重新凝聚起来。二十年后，隐退于苏州过着闲适生活的黄六鸿整理自己的回忆录和官箴，感怀自己勉力调解周遭苦难的经历。在任时，黄六鸿为郯城乡亲巧加谋划，企图说动上级官员去劝服朝廷减免当地税收及徭役，重新确认田产归属时网开一面，以纾解几十年来灾害及大地震带来的影响。朝廷行动缓慢，要取得这类特许，就得不断敦促。而对京城而言，全国上下如郯城者成百上千，各地都自言其危机之重，因此必须随事制宜。1668年地震发生数周之后，户部官员才来检视山东中部的灾情，赋税减免之核准更是费时十八个月之久。户部最终裁定，本次地震当视同严重旱灾或洪灾，因此为当地百姓减免三成赋税，为时一年，这一减免亦惠及那些已于年初先期纳税者。鉴于郯城县伤亡惨重，户部还建议将郯城徭役员额减至四百人。然而，郯城的地方官员并未视此为宽惠之举，据他们估计，地震遇难者中约有一千五百人曾在赋役册上登记为壮丁。因此，朝廷的决定意味着当地官府仍需另觅一千一百名先前未曾登记的男丁，列入服役名册。

在回忆录中，黄六鸿直言：当地百姓深觉自己身陷重重危机，已失去生活的希望，因此若想提振郯城民众士气，困难重重。他写道："鸿待罪郯东，轻生者甚多……地方凋瘵，百姓贫苦，原不知有生之乐。"黄六鸿观察到，郯城百姓多怀空虚无望之感，加之历来执拗好斗，致使家族内争端不断，自取性命者随处可见："家人父子，顷刻变乎寇雠。乡里亲朋，尊俎可兴干橹。

悬梁自缢，无日不闻。刎颈投河，间时而有。"黄六鸿企图以羞耻之心遏止郯城人自杀之风，他写了一篇措辞严厉的布告，下令张贴于乡村与市集的街头巷尾：

> 夫男子自尽，悬梁赴水，永作负樑逐浪之魂。报官不收，蝇嘬蛆咂，谁为悲哀。妇人自尽，吊索垂巾，长为闾巷阴房之鬼。呈尸待验，露体赤身，罔知羞耻。是以父母所生之遗体，竟自毁伤，以万劫难遇之人身，视同猪狗。此本县所深恶而痛恨者也。尔既以遗体不惜，本县又何惜尔之遗体。尔既以猪狗自视，本县又何不以猪狗视尔。

尽管黄六鸿写了这些话，但怪力乱神之说仍是郯城生活的一部分。《县志》提及当地人异常迷信：笃信鬼魂与巫术者过半；崇拜能如神明般通灵的巫女；患病者绝不服药，反而求助于当地术士；邻里之间常常集会，彻夜祈祷，动辄花费数千文铜钱献奉，而他们实际根本无力负担这笔费用。当地法力最高的术士据说住在城东马陵山中，名为"由吾"。冯可参对这位术士颇为好奇，进而调查了其先世。他发现，由吾应当是一位名字相似的秦代战士的后裔，该战士曾向道家仙人学习自然及长生秘术。由吾习得所有天地奥秘后，便退隐至马陵山一处洞穴，从此不进凡间五谷，仅以松木为食，以此延年益寿。据信，孔子的爱徒曾子也定居于郯城西北角的磨山。该地立有一块牌匾和一所书院,尽管如今牌匾已字迹斑驳,书院也已荒废,但当地青年仍会在此聚众奏乐。每到日暮时分,他们常常听到缥缈琴音,却不见奏演者身影。

诚然,纵有黄六鸿的劝诫,但官方对儒学的崇祀对多数郯城百姓而言终究是遥远而陌生的。1669年,参加乡试的县学生员在山东考官所选的三段文句前埋头深思,他们须写出这三段文字出自何种典籍,并作详解。选自《论语》的是"知之者",典出卷六《雍也篇》第十七、十八章:"子曰:'人之生也直,罔之生也幸而免。'子曰:'知之者不如好之者,好之者不如乐之者。'"选自《中庸》的是"浩浩其天",语出三十二章末,描述至诚之人:"夫焉有所倚?肫肫其仁,渊渊其渊,浩浩其天。"选自《孟子》的则是"见其礼",语出《公孙丑上》,此处孟子引述孔子门生子贡对夫子(亦是对史家影响力)的盛赞:"子贡曰:'见其礼而知其政,闻其乐而知其德;由百世之后,等百世之王,莫之能违也。自生民以来,未有夫子也。'"从这些段落中,可以想象郯城将来会被如何治理,或往日曾被这样治理。而实际上,郯城子弟中没有人通过1669年的科举考试(自1646年以来,就无人通过,1708年始有得者)。

1670年,年轻的康熙皇帝颁布了著名的《上谕十六条》,教导子民在家族与社会中维护伦常,避免争讼。皇帝下诏在各乡社宣讲谕文,郯城人想必也有所耳闻。但怀着对其实际效用的质疑,人们往往转而追随地方化的孔子崇祀。当地人相信孔子曾游历郯城求道，因此这种地方信仰至少为他们提供了些许慰藉——此城昔日自有其荣光。最早的儒家典籍之一《左传》中的一个片段恰恰证实了这种信念。根据《左传》的记载，今日郯城之所在曾是一个小国——郯国。鲁昭公十七年（前525），郯国君主郯子拜见鲁昭公，其时孔子正效力于鲁国。叔孙昭子问郯子：为何郯国高官都以鸟命名。郯子答曰：

"高祖少皞挚之立也，凤鸟适至，故纪于鸟，为鸟师而鸟名。凤鸟氏，历正也；玄鸟氏，司分者也；伯赵氏，司至者也；青鸟氏，司启者也；丹鸟氏，司闭者也；祝鸠氏，司徒也；鴡鸠氏，司马也；鸤鸠氏，司空也；爽鸠氏，司寇也；鹘鸠氏，司事也……自颛顼以来，不能纪远，乃纪于近，为民师而命以民事，则不能故也。"

仲尼闻之，见于郯子而学之，既而告人曰："吾闻之，'天子失官，学在四夷'。犹信。"

郯城人声称两千两百年前孔子向郯子求教的确切地点就位于县衙北门内，此处奉建了一座庙宇，衙门前一块更有名的匾额指示出其大致位置。同样，相传孔子与郯子交谈后曾登上城东的马陵山，远眺大海。此峰以孔子命名[①]，又兴建一座亭台，

[①] 名为"孔望山"，后文的亭台即"问官台"。——译者注

以示敬意。郯城官员也许会用"据说""据信"来修饰他们的叙事，但他们自己也纷纷在这些圣迹上题诗。1688年地震后，这些圣迹是最早得到修复的建筑。孔望山的亭台紧邻由吾的神洞，或许它们因彼此相对而共襄盛誉。

这些圣迹仍有人信奉，黄六鸿也便默许了，任其保持原貌。但他对散布郯城各处的废弃寺庙多有谴责，因为这些建筑触及了他秩序观的底线。他认为这些地方是男女私亵之所，是游民乞丐和谋逆之徒的集会地，应当定期巡视，如若可能，应彻底封闭。在黄六鸿看来，每一件不端行为都会加深郯城的苦难，淫风横行则是道德沦丧的明证。他指责已婚妇女和未婚少女不安守家中，反而粉黛艳妆，衣着华美，徜徉于河畔或驾乘豪华车马上山，声称是去拜神礼佛。但到了山上，男男女女又杂沓纷集，嬉戏于僧道之室，"花迷蝶恋"。黄六鸿揭露了更多腐化堕落之事：游荡街头的年轻男子以淫秽笑话调戏妇女；情难自禁的妇女以钗钿为定情信物赠予异性，举止与妓女无异；丈夫出租妻子，仆从怂恿主人，老妪充当淫媒，尼姑玷污庵院，接生婆除接生外还提供其他服务。人如狗一般，在后门"纵其来往"。

1668年，蒲松龄正与表兄于灯下共饮，忽闻地震声轰隆隆自郯城方向传来：

俄而几案摆簸，酒杯倾覆；屋梁椽柱，错折有声。相顾失色。久之方知地震。各疾趋出，见楼阁房舍，仆而复起；墙倾屋塌之声，与儿啼女号，喧如鼎沸。人眩晕不能立，坐地上，随地转侧；河水倾泼丈余；鸡鸣犬吠满城中。逾一时许，始稍定。视街上，则男女裸聚，竞相告语，并忘其未衣也。

蒲松龄生于1640年，大半生在淄川县度过。淄川位于山东中部山脉北麓，南与郯城接壤。此地幸免于1643年清军肆掠，却难逃危虞之惧。他个人对17世纪40年代初期的苦难虽没有亲身记忆，但《聊斋志异》中的故事也频频述及那段饥荒岁月：述及途经沂州南行而倒毙路旁的逃荒家庭、被土匪俘获而售予满人劳作的男子、丈夫死后竭力保住土地的寡妇。这些记述都详实而真切，由其同乡、友人或亲属等劫后余生者亲口所讲——

崇祯十三年（1640）逢大灾，甚至出现人人相食之事。刘某那时在淄川县衙当捕头，看见一男一女哭得特别伤心，就上前询问他们有何难处。对方回答说："我们二人成亲才一年多，今年闹饥荒，夫妻不能两全，因此悲恸。"不久，刘某又在油坊前碰见那对夫妻，似乎在与人争执。刘某上前询问。油坊马掌柜说："这对夫妇快要饿死了，日日向我讨麻酱过活。现在又要把老婆卖给我。我家中已经买下十几口人，哪里还急着买?若是便宜尚能成交,否则就算了。他一直纠缠不休,真是可笑。"男子听后说:"眼下粮食贵如珍珠,算来没有三百文钱,都不够逃荒的用度。我卖妻是想二人都能存活,若是仍难逃一死,又何苦如此呢?并非我出言无状,只求您权当做好事积阴德吧!"刘某可怜那对夫妻,便问马掌柜开价多少。马掌柜说:"如今一个女人顶多值一百文钱。"刘某请他出价不要少于三百,自己愿意助资一半。马掌柜坚决不同意。刘某年轻气盛,便对那男子说:"此人鄙吝,不必同他讲了,钱我如数送你们。夫妻若能一起逃荒,又能厮守,岂不更好?"于是从囊中取出三百文钱。那夫妻二人泣拜而去。(《刘姓》)

蒲松龄七岁时,家乡屡遭重大灾祸。那年夏季,谢迁率领的土寇攻取淄川,盘踞两月有余。与此同时,一支清军慢慢集结,准备夺回此城。恰如1643年郯城的情形,《淄川县志》1647年条目之下尽是城中男女死亡及自杀的记载。根据蒲松龄日后一篇故事的开头,我们可以判断官军与他们要驱逐的起义军恐怕是一丘之貉。他写道:"凡大兵所至,其害甚于盗贼——盗贼,人犹得而仇之;兵,则人所不敢仇也。其少异于盗者,唯不甚敢轻于杀人耳。"

蒲松龄对颇具规模的"于七之乱"也深有感触。这场叛乱于1661年11、12月间在山东东部被平靖。蒲松龄详细描述了大规模处决和乱葬岗的场面(幸存者根本找不到逝去亲属的尸身);描述了济南匠人因制作棺椁而谋得微利,直至良木耗尽；描述了一支叛军出其不意折回，逃亡者只得藏匿于尸山之中；描述了一些人家逃至山洞中避难，却终遭围困灭口，家当亦被焚毁。在此次与其他叛乱中，他看见因阶级及地域界线模糊而催生的社会变革：士绅阶层为自卫而领导土匪，或一时沉溺于个人胜利；士大夫被迫迎娶土匪之女，继而却对其心生爱慕。他描写了那些宣称只杀"不义之人"的强盗；描写了一对贫苦夫妇郑重其事地商讨是男人去做贼寇，还是女人去当娼妓；描写了一伙山东匪帮以焚足之刑逼问一个富户，迫使其说出财富藏于何处，随后又大开其私家粮仓，让村中贫困的饥民随意掠取。

叛乱期间，横亘在淄川与郯城之间的山区成为土匪的潜伏之所，他们可往南北两路进击，袭扰山谷中毫无防备的镇子。郯城西面的滕县与峄县都以扰民的匪帮而臭名昭著，乃至成为其他方志中的笑谈。蒲松龄在一篇极短的故事中，语带讥讽地描述了此情景——

顺治年间（1638—1661），滕县、峄县一带十人七盗，官府不敢追捕。后来这些盗贼都受了招安，县衙另立户册，称为"盗户"。但凡盗户与良民起了争执，官府总是曲意袒护，大概是怕他们再次叛乱。于是诉讼者均冒称盗户，另一方则竭力揭发；遇到打官司，双方不论是非曲直，先针对真假盗户争执一番，甚至闹到去官府查阅户册。正巧官府中有狐妖作祟，县官的女儿受其迷惑，请术士施符咒将狐妖捉入瓶内，

准备用火烧死。狐妖在瓶内大喊:"我是盗户!"闻者无不暗笑。(《盗户》)

在蒲松龄笔下的许多故事中,幻想与现实都会以上述方式交融,只因他成长于一个难以描述、难以定义的世界。他对此类地方信仰深感兴趣,有时戏谑般将其视为迷信,有时又对某些信仰颇为重视。他对堪称山东绝艺的口技尤为着迷,曾描述一位精于此道的山东神婆如何利用口技招揽生意——

村里来了一女子,年约二十四五,随身携带一个药囊,行医卖药。遇到来看病的,女子自己不开方子,要等到晚上请神仙给开。夜晚,女子把一间小屋打扫得干干净净,将自己关在里面。众人围在门前窗外侧耳静听,窃声私语,甚至没人敢咳嗽。屋里屋外都毫无动静。半夜时分,忽听得门帘响动。女子在屋内说:"九姑来啦?"一个女子的声音答道:"来了。"屋内又问:"腊梅一起来的?"似是一个婢女答道:"来了。"

……过了一阵,听九姑唤人取笔砚。不久,就听到折纸的声音、拔笔掷笔帽的声音、磨墨的声音,接着又听到毛笔被扔到桌上震震作响,最后是窸窸窣窣抓药包装的声音。一会儿,女子掀开门帘,招呼病人来取方子和药。(《口技》)

蒲松龄补充道,围观群众以为真有神灵现身,但女子开的药对病人并无疗效。

还有一次,蒲松龄同友人旅居于山东一座村庄,友人忽然生病,有人建议蒲松龄赶往梁氏妇家,她能召唤精通医术的狐仙——

梁氏四十来岁,风姿绰约,很有狐狸的媚态。走进她家中,内室挂着红帘。掀开一看,墙上有观世音菩萨的画像,另有两三幅画,上面是跨马持戈的武将,身后跟着很多骑卒;北墙下有个几案,案头上的小座位高不满一尺,铺了小锦褥,说是仙人一到便坐在这里。众人焚了香,列队作揖。梁氏敲磬三声,口中念念有词。祝祷完,客人们被请到外屋的榻上就座。梁氏立于帘下,理了理头发,用手托着下巴跟众人说话,说的都是仙人显灵的事迹。……话还没说完,忽闻屋内有细密的声响,好似蝙蝠飞鸣。众人正凝神倾听,案上忽然像是落下一块巨石,发出剧烈的声响。梁氏转过身说:"差点吓死我了!"案上又传来惊叹声,似是一个健壮的老人。梁氏忙用琵琶扇遮住小座位。只听见座位上有人大声说:"有缘啊!"(《上仙》)

蒲松龄一生,早年大放异彩,此时却充满悲戚:他十八岁就考取了秀才,得到当地文士官员的赞誉,但始终未能考中举人,而那才是通往仕宦与财富之路的下一个台阶。蒲松龄穷其一生,不断增进学识,却屡应乡试不第。直至七十一岁才援例成为贡生,颇具讽刺意味。

妻子性格温婉坚强、忠诚无怨,为蒲松龄生儿育女,让他寻得些许慰藉。他如此温柔陈述:

> 时仅生大男箬,携子伏骶髑之径,闻跫然者而喜焉。

一庭中触雨潇潇,遇风喁喁,遭雷霆震震谡谡。狼夜入则坰鸡惊鸣,圈豕骇窜。儿不知愁,眠早熟,绩火荧荧,待曙而已。

……少时纺绩劳勋,垂老苦臂痛,犹绩不辍。衣屡浣,或小有补缀。非燕宾则庖无肉。松龄远出,得甘旨不以自尝,缄藏待之,每至腐败。

最后一句看似荒唐,却是实情。他在家中的幸福光景常被族中琐事所扰:如母亲与几个嫂嫂之间的争吵,又如父亲在仕商二途双双失利,致使一家人陷入虚有其表的贫困之中。

17世纪70年代这十年,蒲松龄或在家待业,或为当地士族效劳,坐馆教书。于此期间,他创作了《聊斋志异》,其中所载故事笔记篇篇奇异非凡。据蒲松龄自述,此书资料来源甚广:有他自己的奇思妙想,有早先收集的民间轶事,有来自友人、游历途中结识之人的叙述,亦有来自五湖四海的通信。从故事的杂记中可见,这些故事笔记多出自他儿时在山东的经历,以及亲族记忆。据蒲松龄三十九岁时所附序言,此书之工写,愈发艰难,他在孤苦寂寥中写道:

独是子夜荧荧,灯昏欲蕊;萧斋瑟瑟,案冷疑冰。集腋为裘,妄续幽冥之录;浮白载笔,仅成孤愤之书。寄托如此,亦足悲矣。嗟乎!惊霜寒雀,抱树无温;吊月秋虫,偎阑自热。知我者,其在青林黑塞间乎!

但蒲松龄并不只是沉思冥想,他能细察往事,追忆起童年的奇幻时刻——

我幼时到县府应试,恰逢春节前夕。依照旧俗,各色商栈都要扎起五彩牌楼,敲锣打鼓地去藩司衙门祝贺,人称"演春"。我也跟着友人一同看热闹。那日游人如织,将衙门围得密不透风。只见衙门大堂上有四位官员身穿红色官服,东西相向而坐。我年纪尚小,也不知道他们究竟是何官,只觉周围人声嘈杂,锣鼓喧天,震耳欲聋。

忽然,一名男子带着一个披头散发的小孩,挑着担子走过来跪下,像是说了几句话。当时人声鼎沸,听不清他说些什么,但见堂上的官员哈哈大笑,遂有一个身穿青衣的人大声下令,让他表演戏法。

那人站起来问道:"要看什么戏法?"

官员们略作商量,派属吏问他擅长演什么。

他答道:"我能颠倒节令。"属吏把此话报回堂上,一会儿走下来命他变桃子出来。

变戏法的大声应诺。他脱下衣服盖在竹笥上,故作埋怨地说:"官爷们真会给我出难题啊,坚冰未化,去哪里找桃子呢?不找吧,又怕惹当官的发脾气。怎么办呢?"

他儿子说:"父亲既然答应了,又怎能推辞呢?"

变戏法的惆怅良久,说:"我盘算很久了。现在是冰天雪地的初春,人间哪会有桃子呢?只有天上王母娘娘的桃园里,果木四季不凋,也许会有。我们得到天上去偷才行。"

儿子说:"呀!天也能爬上去吗?"

父亲答道:"我自有法术。"于是打开竹筒,拿出一团绳子,长约数十丈,将一端往天上一扔,绳子立即悬在空中,像是挂在了什么东西上。没过多久,绳子越抛越高,渐渐伸到飘渺的云彩里去了,他手里的绳子也放到了头。这时,那人招呼儿子:"孩子过来!我年老体衰,身子笨重不灵便了,爬不上去,还得你去一趟。"说完便把绳子交给孩子,说:"顺着它爬上去就可以了。"

儿子接过绳子,一脸为难,埋怨道:"父亲真是老糊涂,这么一根细绳,让我顺着它去爬万仞高天。倘若半路绳子断了,我可就尸骨无存了呀!"

父亲又哄他:"我已开口答应,后悔也来不及了。还是麻烦你上去一趟。孩子别叫苦,要是能偷得桃子来,官爷定有百十两银子的赏钱,我给你娶个漂亮媳妇。"儿子这才抓住绳子盘旋而上,手动脚随,就如蜘蛛在丝上攀行,渐渐没入云霄,看不见了。

许久,天上落下一个桃子,碗口般大小。变戏法的大喜,献到公堂上。堂上官员传看许久,也不知是真是假。忽然绳子坠落在地,变戏法的大吃一惊:"危险!上边有人弄断了我的绳子，孩子可如何下来啊！"一会儿，有东西掉落，一看，是他儿子的头。那人抱着大哭："一定是偷桃时被看守发现了，我儿这回可完了！"

过了一会儿，又掉下一只脚。紧接着，四肢、躯干一截一截纷纷落下，再不剩什么了。变戏法的十分悲痛，把残肢一一捡到竹筒中，盖上盖子，说："老夫只有一子，跟我走南闯北。今日奉长官之命去取桃子，没想到死得这么惨！我得把他背回去埋掉。"于是到堂前跪下说："为了桃子，害了我儿！大人们要是可怜小的，便帮我安葬了他，我来世一定结草衔环相报。"

堂上几位官员十分惊骇，纷纷拿出赏银。变戏法的接过钱缠在腰上，拍了拍竹筒："八八儿，快出来谢大人们的赏，还等什么呢？"忽然，一个头发乱蓬蓬的小孩子顶开竹筒爬了出来，朝着北面大堂上的官员们叩起了头——正是那人的儿子。

这个变戏法的法术奇异，所以我至今记得此事。后来听人说白莲教也能变这样的戏法，那父子莫非是白莲教的后代？（《偷桃》）

最后这几句解释或许让蒲松龄儿时所见戏法之神妙稍稍减色，但在成年以后，他依然会做一些奇幻的梦，还能重新回忆记录下来——

我曾在毕知州的绰然堂设馆教书。毕公家中花草树木最为繁茂，闲暇时我就随毕公在园中漫步，得以尽情观赏。一天游园归来，困倦极了，只想睡觉，就脱鞋上床。梦见两个衣衫艳丽的女郎，近前道："主人有事奉托，麻烦先生走一趟。"

我起身惊问："谁叫我去？"

二人答道："绛妃。"

我恍惚之间不知说的是谁，便随她们去了。不一会儿，就看到一处宫殿，高耸入云。下面有台阶，层层而上，约一百多级才到顶上。只见朱门大开，又有两三个漂亮的女郎，快步进去通报。不久，来到一座大殿外，金钩碧箔，光明耀眼。殿内走出一名女子，循阶而下，腰间环珮清脆悦耳，看模样像是贵嫔。

我刚想下拜，绛妃已经开口了："有劳先生屈尊至此，理应我先致谢。"她叫侍女把毡子铺在地上，准备行礼。

我惶恐得手足无措，启奏道："在下草莽微贱，承蒙宠召，已不胜荣耀。若敢分庭抗礼，只怕会加臣之罪，折臣之福！"

绛妃听罢，命人撤去毡子，摆酒设宴，我们面对面饮酒。刚过数巡，我辞谢道："在下小酌即醉，担心酒后失仪。有何命令，敬请吩咐，好消除在下的疑虑。"

绛妃不答，只是用大杯催我喝酒。我再三请求，她才说："我乃花神。全家老小托栖于此，屡遭封家丫鬟的摧残。今日想与她做个了断，烦请先生拟一篇檄文。"我惶惶然起身奏道："臣学识浅陋，不善文章，恐辜负重托。但承蒙器重，一定竭尽全力。"绛妃听罢大喜，当殿赐给纸笔。几个女郎忙着拂拭几案、坐椅，研墨蘸笔。又有一个尚未梳发的小姑娘把纸折好方格,放在我腕下。我才写一两句,她们便三三两两在背后偷看。我平素文思迟缓,此时却顿觉迅如泉涌。

片刻之间,草稿便拟好,她们争着拿去,呈给绛妃。绛妃展读一遍,说写得不错,便送我回来了。醒后回忆梦中之事,宛如眼前,但檄文的词句已遗忘大半。(《绛妃》)

蒲松龄生怕将收集到的故事遗忘,每每在听闻后便即刻抄录下来,且常常详载其出处,似要明示后人其严谨负责的态度。因此,他笔下唯一一则确信发生在郯城的故事,据他注明是来自沂州一名书生。时值 1670 年秋日的一个雨天,他在南行途中偶避于一家客栈中,书生向他出示了该篇目的完整抄本。故事讲述了住在郯城县南红花埠驿站的一个书生与两名女子的一段风流韵事。同蒲松龄许多故事中的女子一样,对书生投怀送抱的两名女子皆为鬼怪,一个有害,一个有益,但都注定了见不得人的幽魂宿命。在一段集奇幻、死亡与重生的情节过后,两个游魂消散,肉身得以合葬安息。书生和两个重获人形与新生的女子一起,过上了平静的生活。这是一个有关幻想、肉欲与不安的故事,也正是对那个时代、那个地方恰如其分的注解。

第二章 土地

1671年1月，郯城降下一场罕见的大雪。在山东，过去的雪多为吉兆，因其可使冬小麦嫩苗免受严寒侵害，确保其来年春天融雪时茁壮生长。干燥或寒雨是威胁，若有降雪，则新年节庆尤为喜悦欢腾。但今年的雪下个不停。黄六鸿骑马巡查郯城与沂州交界处的田地，见河面结了厚厚的冰，地上积雪深及马腹。《县志》提到："大雪平地皆深丈余"，"几庄村林木之处，雪之所聚，高皆与之齐等。室庐尽为埋没，百姓多自雪底透窟而出。村疃不能往来者数日。鸟雀、獐兔、花果之类，冻死绝种。人有不得已而出行者，冻死于途，不可胜数。真异灾也！"

然而此灾并未发展为广泛的区域性灾害，仅止于地方，且朝廷并未蠲免重大赋税，税吏们只得开始补足1671年的配额。

此时，郯城是个贫困的小县。行政区域地形奇特，主干区域约五百四十顷见方，两侧又各有七十至八十四里的钳形地带朝北延伸。南部土地肥沃，是郯城县城及本县重镇马头镇的所在地。两个城镇毗邻而立，坐落于沭河与沂河之间，此二河横穿县城，最终汇入黄河。而两侧的钳形土地山峦起伏，地势崎岖，小河纵横，与县城之间的道路并不通达。两条钳形地带之间的肥沃谷地本可让郯城富裕些，但实际上它们却由北面面积更大、更富足的沂州管辖。

郯城是个农业县，几乎没有手工业：除《县志》所列当地产的三种棉布与丝绢，再无他物。经此县中转的货物也没有多少，唯马头镇因道路四通八达（只有东面交通为绵长的马岭山脉所阻），商贸较为繁忙。夏季降雨充足，沂河水位够高时，南北亦可经水路通行。

郯城雨量稀少，夏季酷暑，冬季严寒。这里是中国的冬小麦及高粱产区，辅以小米、大豆、芝麻、蔓菁等根茎类蔬菜；还有甜瓜、南瓜，各色可食绿叶菜、葱、蒜、芹菜、茄子等；水果有桃、杏、李、梨及樱桃；另有核桃和栗子，以及一些可捕捉食用的野生动物和鸟类，如野兔、鹿、鸭、鹌鹑、鸽子和雉。至少在年景丰稔时，郯城是这样的。

在种植冬季作物的地方，农家几乎没有喘息的机会，收获后便开始播种，无暇休息。积雪消融时，前一年10月种下的冬小麦便开始抽穗，农民则要首次耕耘休耕的田地，将人畜粪肥从家中与农舍运到田里。5月初，农民深耕田地，准备播种高粱和小米（有牲口则用牲口，否则便用人力）。农民将种子、粪肥和大豆粉的混合物一把一把地仔细撒入田畦之中，每把间隔约为一尺。他们用沉重的木耙平整田地，再以石辊把软土压实，而没有石辊的人则用脚踏平。如若天公作美，三四周后，秧苗就会长到两寸，此时必须用锄头仔细间苗；再过七日，须除去杂草，夯实每棵秧苗根部的土壤，方能使其直立生长。秧苗生长期间，此类除草与培土工作不断重复。至 6 月初，其他田地的冬小麦已经成熟，可以收割了；农民徒手将麦秆拔出，束成小捆，随后用推车或人力背运至打谷场。小麦收完后，轻犁田地，再在田畦间播种大豆（孩童亦可胜任的简单工作），最后耙土覆盖；除非有多余的粪肥，否则不必施肥，但大豆每隔三四日必要除草。此时农民期盼的是炎日与夏雨。大豆生长之际，高粱和小米也开始成熟。8 月下旬，农民将这两种作物拔出来，运至打谷场。蔓菁、白菜和其他蔬菜被晒干或腌制，储存起来。这里没有果园，哪棵树上的果子熟了人们就去采摘。9 月田地休耕，10 月初播种冬小麦；若 10 月底幼苗破土，则来年丰收光景可期。

郯城与 17 世纪中国的所有县城一样，每年都有固定数额的岁入上缴国库。岁入用来支付本县开支，还要缴足朝廷的配额，多以两种形式征收：一为地赋，二为丁赋(多以银钱支付，偶以徭役代替)。农民几乎不可能一次缴清，因此县府为他们定下分期支付的时限，如期纳上：

每年农历二月　　20%

农历三月　　10%

农历四月　　10%

农历五月　　5%

农历六月　　5%

农历七月　　15%

农历八月　　15%

农历九月　　10%

农历十月　　10%

冬季最冷的三个月无须缴纳任何税赋。

就郯城而言，农历二月（阳历3月中旬至4月中旬）缴税之时，正是郯城人熬过寒冬、纺织品及其他手工制品售罄之际；晚春赋税在冬小麦及大麦收获之后上缴；秋税则在高粱、大豆和小米入仓后征收。两次收成间最酷热的夏月征税最少，以纾解民困。

九个纳税的月份中，每月又分两期，每期十五日，所以农民与税吏每年都有十八个纳税期。每期结束后，税吏有五日追查欠税者，随后五日课征罚款。

只有在相互监督、共担责任的完整体系下，这种制度才能运作。郯城县分为四乡，每乡又分为八个里或社。每社设一社长，由知县指派，任期为一年或更长，其责任在于确保下辖的村、甲（五户）及单户按时纳税。

14、15世纪，即明朝初期，这些地方税吏多出自世家强族，会对欠税家庭施以巨大压力。此职被视为荣耀，有时甚至会与各路官员一同被皇帝召见。然而，及至17世纪60年代，大清开国之际，尽管郯城县仍有备受尊重、人脉深远的社长，但此职也已不再如昔日令人垂涎，更无昔日之荣耀。秀才之子郁纯即为其中之一，他是1641年成功守卫郯城的一员。1644年满人入主中原后，郯城陷入惨淡绝望的岁月，其间郁纯仍持续收得税款，表现突出，其热忱受到知县的公开赞扬。他有两名亲戚亦为社长，或许郁家在这方面自有手段或人脉。1671年，郁纯年逾九旬，黄六鸿为表敬意，还为他举办了一场宴会。但对许多人而言，收税的差事甚是艰苦，因而常常两人共担一社之职，另派衙役一名，佐其解送税款。

1670年，郯城人口总数约六万，以四乡计，每乡约一万五千人，则每社一千八百五十人，散居于十余村。其中约六分之一登记为成年男性（"丁"），年龄在十六岁至六十岁之间，须服徭役或以税代徭。

清朝君主为完全掌控其臣民，在税收登记制度外，（至少名义上）施行一种户籍登记制度，即保甲制度。保甲与税收单位多有重叠，但保甲制度有其独特的治安与民防作用。如此，郯城县人口以逐级递增的单位进行登记，从单户至十户一甲，再至十甲一保，最后至县内各乡。此制度稍加修订，施用于郯城和马头镇这两个中心城镇，以及人口稠密的近郊。再行修订的版本，则用于不足百户的小村庄或偏远村落。郯城县虽有二十二个地方划为"集",但郯城县城与马头镇是当时此县仅有的两个大型城镇。而二十二个集,与县里划分的三十二个社有所重叠。

每户平民家庭应将所有人员登记在册,并详载性别、关系、年龄,包括仆人与雇工,此即所谓保甲户籍,地方有犯罪等急难之时,可用于保障安全,共同担责。士绅、生员、和尚、尼姑、道士及道姑虽不计于保甲名册内,但仍须别册登记。约五分之二的家庭须在紧急之时出一男丁为保甲兵,除非家中有人考取了功名,或在衙门任职,而户主为孀妇或家中无后者,均可豁免。

上述举措章法皆于郯城实施,但对税银征收并无成效:至1670年,郯城县已连续十三年拖欠赋税。

至少在理论上,郯城的基本税率并不高。登记在册的男性应缴丁赋为每年一百二十文铜钱(合零点一二两银子),全县以九千四百九十八个男丁计,年入一千一百四十两。(有二百四十二名士绅及有功名者可免纳此项。)基本地赋为每亩地十五点七文铜钱,以登记在册的八十二万八千二百二十三亩地计,年入一万三千余两。这些税收可轻易应付基本开支:七千三百余两解纳至京城户部,一千一百二十五两用作知县和信差、挑夫、门子、轿夫、府兵、皂隶及其下属的薪俸。还有一些小额开支,用于祭典供奉、考生赏银、县内驿站巡逻人员薪银及牢狱维护等。乍看上去,现有税收外加少量增收似乎完全可以应付上述开支,更何况官军驻防的主要费用皆由省府承担，郯城历年河道工事的徭役配额也较低。

导致郯城长年累月财政危机的重要原因在其地理位置：郯城地处南向两大要道之东道。这条重要战略路线通往浙江，进而连接靖南王耿精忠的藩镇；此道是军需物资的运输路线，亦是重要驿路，加急公文或日常通信都经此而过。这意味着，郯城人随时可能面临道路维护或运输服务的额外征调，还需额外接待过境官员及其随从。此情形又因山东地方之贫困、马匹及驿站之匮乏而尤为复杂。郯城驿站的递送范围涵盖沂州方向北行一百一十里，峒峿方向南行一百余里，西行一百八十余里至峄县，因峄县无马可用，又须延伸八十余里。县府自郯城税收中拨出三千三百六十两银款用于草料、马夫与驿夫的薪银、装备用具，以及其他马厩花费。但即便上述各项，此款也未能全部覆盖，兽医和添置马匹的费用更不必提。正如冯可参在《县志》所写，郯城当地官员要么迫于无奈推迟常规税收的解纳，要么只能置其负责的马匹于不顾（冯可参深知其中滋味，他本人正是因此被免职）。此外，地方贪腐的诱惑极大，因草料昂贵，两座驿站每匹马每年津贴只有三十二两有余。假借登记在册而未服实役的马匹显然能获利颇多，远超马夫或士兵的年俸，前者为十二点四两，后者只有六两。

16世纪末以降，中国各地实行了一系列改革，将许多旧有的力役与兵役改纳银钱。及至1670年，郯城百姓大多已改为以银钱纳税，然而仍有几种徭役未能蠲免：例如收集大量柳条捆绑成束,用来加固黄河及大运河的堤坝;引领军马往各处驻地;护送装运物资的骡队;以及向工部提供兴建宫殿所需的特种木材——这些木材必须运至一千六百七十里外的北京。此外,尽管郯城县因穷困,且远离主要水道,工人通常无须在黄河与大运河上服役,但因南方骆马湖的大规模疏浚及筑堤工程,此项豁免在17世纪50年代初期、1666年及1670年都曾被收回。据黄六鸿描述,郯城人被派往二三百里外,在食宿艰苦的情形下,参与这项耗资百万银两的工程。他不禁喟叹:"民之流亡者,未尽复业。地之荒芜者,未尽开垦。"

在地震发生前的几年内,朝廷已经根据地方的受灾程度,慷慨减免了基本的役额。因此,明朝末年,郯城原有应服徭役的男丁四万零二人,及至1640年饥荒,由于死亡和逃荒,锐减三千五百四十人。1641年,贼寇攻陷马头镇及邻近集镇,又有两千七百三十四人遇害。同年末,贼寇劫掠后暴发瘟疫,七百九十人因此丧命。待清军于1643年攻袭时,全县可服役男丁仅余三万两千九百三十八人。据《县志》记载,这场屠戮极为惨烈,"十去七八"。若据此推论,以百分之三十的存活率计,则存者仅九千八百八十一人,与1646年朝廷新配给郯城县的九千九百二十七人之数相差无几。在经过清初的移民迁徙后,此数又因1668年的地震继续下降,至1670年仅剩九千四百九十八人(然而如前所见,地方官员并不认同这种计算方式)。同理,正式录名的乡镇也由八十五个减至三十二个,可课税的耕地面积也在同一时期减少近三成。

登记在册的耕地面积减少，可能有两种情况：一是劳力短缺，以致郯城土地大多撂荒，无人耕种；二是时局混乱，地主都设法将自家土地从册籍上移除，并确保不复录入。若实情为后者，那么大地主自是比小农更有权势来达成目的，且于他们而言，赋税优惠可能比表面看起来要大得多，因为注籍的"税亩"实际上可能包含十余亩贫瘠之地，充其量与五六亩良田的出产相当。《县志》断言，若郯城有田土被列为九等中的最下等，则此地必为劣土，多受沂、沭两河及其支流之涝，整个夏季都遭水浸没，指望此类田土上有固定收成，就如"石田之望岁"，充其量只能"十值其一"。但《县志》既未提及有多少人希望将自家耕地登入此目，也未言明可设法为田土排水的地主是否被重新列入更高的税收级别。

有时，种种艰难杂沓而来，譬如位于沂河沿岸、郯城与沂州交界处的峰山社一带，就面临许多困境。此地税收问题日益复杂，黄六鸿与沂州知州于隆冬时节奉命前往，详审其状。二人骑马踏雪，穿越乡里，巡访百姓，只见方圆二十里的十二个小村落，二十年来备受大小洪涝之害，困窘至极。昔日从事耕种者三百户，约有半数已逃荒或死亡。大片田地遭弃，成为无主之地，因而再无税可课。登记为"沙压"的一万余亩地，即使遇中小洪涝，也曾产出作物。农民称，他们曾缴税二十五年，因为至少当时情形相较1640年至1643年有所改善。但1668

年地震后的大水,将更多沙石冲入田畴,故而农民彻底无力纳税。遇上此等情形,当地农民需耗费许多时日,与知县连呈上诉至省府,方能将耕地从土地籍册中移除。

即便当地农民有富余的钱粮纳税,也可能面临其他难处,官银匠便是其中之一。农民缴税时必先将铜钱兑为白银,官银匠则专权于此:有在成色上造假者;有铸锭时私藏碎银者;有为加盖戳记(表明纯度)而收取大笔费用者;有为急工增收费用者——他们深知若工期延宕,则农民须于城中多留一宿,花费更多;更有甚者,欺诈手段极为恶劣,譬如趁银两尚未称出重量,便踢倒熔炉。此外,乡下百姓若是自己背着粮食进城,会经常遇到"热心人"上前相助,在乡人休息时为其代劳,随即带走粮食(声称前往粮仓),一去不回。因此种种情由,黄六鸿言:"乡人望城市如地狱,见差胥如狞鬼。"在三十二社之下行使分权,部分目的在于设立地方征税点,使农民无须亲自去城中纳税。于是,官府在便利之处设以大银柜,纳入此柜的钱粮,皆经严格核对并登记在册(至少名义上如此),再发放"三连串票"作为收据:一联给纳户,一联给柜吏,一联存档于知县。

郯城所课税项并不限于耕地与作物,还会征收实物运往京师。官府以远低于成本的价格向当地百姓收购货物,这也是一种隐藏的税目。比如苇课,因芦苇可用于盖屋、取暖。又比如渔民、渔船须付渔课,临街支棚摆摊的商贩须付门摊税,盐商售出的盐均要预付盐课。官牙经手的房屋或田土交易,每一笔亦需缴田房税。每家当铺每年须缴当税五两，而若是乡曲贫民典当农器具押贷粮食，则可减免其税。牙人经手的牲畜、烟草、棉织品、酒和酿酒谷物等一切交易，中央皆要抽取牙税，甚至以铜钱转兑为官银会有耗损为由，征收"火耗"。

这些附加税对纳户与税吏而言都是梦魇，蒲松龄的讽刺故事《促织》开篇便讲：

> 宣德间，官中尚促织之戏，岁征民间。此物故非西产；有华阴令欲媚上官，以一头进试，使斗而才，因责常供。令以责之里正。市中游侠儿得佳者笼养之，昂其直，居为奇货。里胥猾黠，假此科敛丁口，每责一头，辄倾数家之产。
>
> 邑有成名者，操童子业，久不售。为人迂讷，遂为猾胥报充里正役，百计营谋不能脱。不终岁，薄产累尽。会征促织，成不敢敛户口，而又无所赔偿，忧闷欲死。

黄六鸿心中明白，压力、征税、时限在郯城皆属平常。他本想通过增加县城税捐来减轻乡下百姓的压力，因为他深信从城中商贸活动中可以抽取远超目前数量的税款。他猜测，在可以课税的商贸交易中，报缴者不足五分之一。即便从马头镇，他也只征收了不到五百两税银：二百三十两为沂河沿岸盐场所纳盐税，约二百五十两为经营布匹、食物、烟酒运输的牙人所纳牙税。然而黄六鸿无法改变现状。困难之一便是城镇人民不易控制，他们对经济的不满情绪常升级为暴动，且富商大贾并非郯城人，多为山西或江苏人士，因此能够对来自同乡的地方官员施压。马头镇的两名乡约此时都卷入司法案件中，足见其软弱无能：程源遭当地酿酒行会会长诬陷，卷入一桩复杂的贪污案中；张茂德则因所储粮谷遭两名士兵偷窃而找二人的上级理论，后者竟招来多人将其毒打一顿，一位典史事发不久前去查验张茂德的伤势，称其"遍体鳞伤"。

驻守郯城的官兵常常成为公平足额征税的阻碍，他们人虽不多，却引起无数干戈扰攘。他们不仅同马夫及驿夫争斗，还对县府差役动粗：管队张三先是纵容妻子割取百姓田稼，又怂恿手下士兵反抗来催征粮赋的快手。另有一名士兵任其子用棍棒将皂隶打得血流满面，毫无制止之意。还有一人闯入捕快赵应举家中，取酒便饮，还强奸其妻子。其余士兵，如沂卫军户桑四，盗种县地四百余亩，非但分文不缴税款，还悍然殴打来催征的差役。或是土地所有权的细节错综复杂，以致难以厘清归属：有时是由于土地所有权被追溯至明代，出现多人认领同一块土地的情形；有时是由于契约是在17世纪50年代签署和失效的；有时则是由于当事人胆大妄为地将有利于自己的伪造文书混入官府卷宗之中。

黄六鸿发现，郯城地主主要以六种欺骗手段来降低其地赋评级。他们雇人以化名耕种土地，逃避查究和追责。他们假装自家土地为其他辖区的家庭所有。若邻户税率较低，他们便将自家应缴钱粮登记在邻户名下,使其代纳。他们还设法瞒报耕地品质,例如将税率为百分之三十的中级地登记为下级地(税率为百分之二十),或将税率为百分之五十的高级地登记为中级地。有使自家产业不入籍册者,有将自家田产归于他人名下者。郯城许多耕地还被沂州地主以低价收购,超出本地知县的管辖范围,致使问题愈发严重。

此类移花接木之法,完全是地主基于自身利益所为,正如黄六鸿所写:"欲减多粮而就少,避重差而就轻。"一些地主大户借由保护、代纳的"包揽"制度,来包办交纳他户地丁钱粮,情况则更为复杂。此制度被想要逃避徭役的男丁所利用,因为有科名的绅衿可免除许多徭役,他们的贫穷亲友或乡间富户都将自家土地归在此类特权家族户下,按低税率纳税,兼得其他特权,如更低的火耗,或至县城自封投柜(绅衿可减免杂费)。贫民乐于绅衿代理,一来有赋税优惠,二来可得大户荫庇,免受差役侵扰。作为回报,乡绅可获得声望和更多依附者。乡绅可能有数十个这类称为"供丁"的依附者,寻常秀才亦有十数丁。如此一来,主持分配差徭或登录新增丁口的户长总书,总会避开供丁,进而将更重的税课加诸无权无势的穷苦百姓身上。结果,许多穷人原本年征十分之一两,如今要增至一两甚至二两,远非他们所能负担。

1671年暮春,成群的蝗虫从前一年田中所产的卵中滋生。在一篇专为郯城城隍(重要地方神祇,掌城中百姓福祉)所作的祭告文中,黄六鸿动之以情,晓之以理,希望打动城隍,盼其庇佑郯城免遭灾祸。当地百姓对1640年那场可怕的蝗灾及饥荒的记忆,使其告文益增急迫之感:

> 敢昭告于本县城隍显佑伯之神曰:惟神与吏,咸有事于兹土。则遇灾而御,有患而捍。神之灵也,吏之职也。今兹三农在野,百谷未登,昨岁遗蝗,孳生在地。二麦之受其荼毒者几半于郊外矣。乃旬日之间,蝗从邻邑①西南而来,振羽绳绳,缘塍被陇。万姓奔号,若丧亡之无日。某等已具祷于神,神未有以殄之也。岂天灾之难救欤?百六之适际欤?不然则吏之奉职无状,而精诚未能冥格也。民不能御灾而吁之吏,吏不能为民御灾而祈之神。神赫赫在上,能无即以吏与民之所祈者,得请于帝欤?
>
> 夫以为灾会流行之必然,与蝗之来也,绵亘千有余里。郯介其中,特弹丸黑子耳,将安所逃哉?此皆人事之穷于补救之说也。神不其然,意神冥瞩之中,当有先民与吏而愀然忾叹者矣。神其速殄之幽,毋尽伤于我黍稷,毋俾遗种于此田畴。民尚克有秋,惟神之赐,神其鉴之。

蒲松龄认为,地方官员既然无法制止土匪作乱,必然也处

---

① 即邳州。——原注

理不好税收、天灾等问题,他对此的疑问更甚于其他。因此,纵观蒲松龄的小说,我们会发现,他精心刻画的人物小二,胜于其他故事中的各色人物,能救乡社于经济危难,同时,所得上天恩赐也甚于他人——

滕县赵旺夫妇都信佛,不近荤腥,村中乡亲视他们为善人。赵家颇为富有,女儿唤作小二,聪明美丽,赵旺视若掌上明珠。小二六岁那年,赵旺就让她随哥哥长春一同跟老师读书,五年后已能熟读五经。小二有个同学姓丁,字紫陌,比小二年长三岁,文采不凡,风流潇洒,两人相互爱慕。丁生私下里向母亲吐露心事,母亲便遣人向赵家求亲。谁知赵旺一心只想把小二许配给大户人家,没有答应这门亲事。

不久,赵旺受迷惑,入了白莲教。徐鸿儒起兵造反,赵家也一同成了叛民。小二因知书善解,凡是剪纸为兵、撒豆成马这样的法术,一看便精。当时徐鸿儒有六个女徒弟,小二最为优秀,所以徐鸿儒将拿手的法术都传给了她。赵旺也因小二的缘故,深受徐鸿儒器重。

此时丁生已满十八岁,正在县学读书,因心中忘不了小二,从不谈婚娶之事。他偷偷离家出走,投入徐鸿儒麾下。小二见到丁生,非常欢喜,礼遇远超常人。小二是徐鸿儒的高徒,主持军中事务,日夜繁忙,连父母也很少见到她。但她每晚都与丁生见面,并将旁人支开,二人动辄谈到半夜。一次,丁生问小二:"你知道我来这里是为什么吗?"小二说:"不知道。"丁生说:"我来并不是想攀附白莲教出人头地,是为了你。旁门左道绝不会成功,只会落得自取灭亡。你是聪明人,难道没想到这点吗?你若与我逃出这里,我决不负你。"

小二茫然若有所失,思索片刻,才如梦初醒,说:"丢下父母偷偷逃走,实乃不义之举,请允许我向他们禀明。"

二人来到赵旺夫妇跟前,讲明利害。赵旺仍不悔悟,说:"我师傅是神人,岂会犯错?"小二心知再劝也无济于事,于是将头发绾成已婚妇人的发髻模样。

她剪了两只纸鸢,与丁生各骑一只,两只纸鸢缓缓展开双翅,比翼而飞。黎明时分,他们来到莱芜县境内。小二用手一捻纸鸢的脖子,纸鸢立即收拢翅膀,双双落地。小二收起纸鸢,又取出两头纸驴。两人骑驴来到山阴里这个地方,假托逃避战乱,租了间屋子安顿下来。由于走得匆忙,行装简约,生活用度渐渐不足。丁生十分忧虑,向邻里借粮,却无人肯借一升一斗。小二脸上毫无愁容,只是典当金簪、耳环度日。

夫妻二人闭门静坐,猜灯谜,回忆往日读过的书,以此比试高下,输者要被对方并起两根手指击打手腕,权当惩罚。

西邻姓翁,是个绿林好汉。一日,翁某劫掠回来。小二说:"《易经》说得好,'富以其邻',我们还有什么担心的呢?暂且跟他借一千两银子,他还会不借吗?"丁生觉得很为难。小二说:"我会让他心甘情愿把钱送过来。"于是,小二用纸剪成判官的样子,埋在地下,又盖上一个鸡笼。然后,她拉着丁生坐在床上，烫上一壶老酒，翻检《周礼》行起了酒令：随意说该书哪一册，第几页，第几人，二人一同翻阅。翻到食、水和酉部的字，说的人就要罚酒，碰到和酒有关的则加倍。不一会儿，小二正好翻到《周礼·天官》的《酒人》，丁生取来大杯倒满，催促小二快喝。小二祷告说："若能借来银子，你一定翻得'饮'部的字。"轮到丁生，他信手一翻，果然是《周礼·天官》的《鳖人》。小二大笑："事已办妥！"说着，就倒满酒让丁生喝。丁生不服，小二说："鳖是水族，你应当像鳖喝水那样饮酒。"说笑间，只听见地上的鸡笼里嘎嘎作响。小二起身道："来了。"打开鸡笼，正是一个装满银子的布袋，银子多得都快溢出来了。丁生又惊又喜。

后来，翁家奶奶抱着小孩来玩，悄悄对他们说："那天主人刚到家，点灯坐着。屋内地面忽然裂开一个大口子，深不见底，一个判官从里面走出来说：'我是地府的司隶。太山帝君要召集阴间官员，编一份强盗罪行录，需用千架银灯，每架重十两。你捐一百架，就可以把罪孽一笔勾销。'主人吓得魂不附体，连忙焚香拜祷，献出一千两银子。判官拿到银子从容回了地府，地缝才慢慢合上。"小二夫妻听完这番话，故意啧啧称奇。

此后，夫妻二人开始购置田产、牛马，蓄养仆役婢女，建造宅第。村里几个无赖觊觎他们的财富，纠集歹徒翻墙入院，想要抢劫。丁生和小二刚从梦中惊醒，只见火把已经将四周照得通明,满屋都是强盗。两个人冲上来抓住丁生,还有一人竟然伸手要摸小二的胸,小二赤身跃起,并起食指和中指对着强盗厉声喝道:"定!定!"十三个强盗立即全都定住,吐着舌头呆呆站着,像木偶一样。小二这才穿上衣裤下床,招呼家丁,将强盗们一一反绑,逼他们说出行抢的具体缘由。而后,小二指责他们说:"我们从远处投奔山阴里,安分守己地谋生,原以为会得到扶持,没想到你们竟如此不仁不义!人都有危难困窘之时,你们若缺钱,不妨明说,我岂是只顾自己发财的吝啬鬼?按你们这种豺狼无道的行为,本该全部杀掉,但我有所不忍,姑且放你们走,以后胆敢再犯,绝不宽宥!"强盗们叩头拜谢,仓皇逃窜。

过了不久,白莲教首领徐鸿儒兵败被擒。小二的父母兄弟全被诛杀,丁生用重金赎回长春的幼子。那孩子才三岁,丁生和小二把他当成亲生儿子,改姓丁,取名承祧(承继两家香火)。于是村里人渐渐知道了丁家是白莲教的亲属。当时赶上蝗灾,小二剪了几百只纸鸢放在自家田中,蝗虫吓得远远避开,因此小二家并未遭灾。村里人心生嫉妒,结伙去官府告发,说他们是徐鸿儒的余党。县官垂涎丁家财富,视作肥肉,就把丁生抓了起来。丁生用重金贿赂,才免于一死。小二说:"我们的财富来路不正,有些散失也是应当的。但这里是蛇蝎之乡,不宜久居。"于是贱卖家业,迁离此地。

他们来到益都县的西郊。小二为人灵巧,善于积累财富,在经营谋划上比男人还要精明。她开过一家琉璃制品厂，凡是招来的工人，都亲自指导，工厂产出的棋子和灯具款式新奇，其他工厂无一能比，因此总能以高价迅速售出。几年间，便成为当地首富。

小二管理奴婢和仆役非常严格，手下数百人[1]，没有一个闲散混日。闲暇时，她常与丁生品茗下棋，或看书读史为乐。凡钱粮收支及婢女仆役的工作，每五天检查一次，由小二亲自打算盘，丁生则看账报数。勤勉者有各种赏赐，懒惰者则鞭笞罚跪。这天，她会放假，不上夜班，夫妻二人摆上酒菜，把丫鬟仆役们叫来，让他们唱些市井小曲取乐。

小二明察秋毫，仿若有神灵在天相助，没有人敢欺骗她。她给下人的赏赐总是高于他们应得的，所以事事都很顺利。村中二百余家，凡贫困的，小二都酌量给些钱，让他们自谋生路，因此村里不再有游手好闲之人。有一年遇上大旱，小二让人在村外设坛，她夜里乘轿而来，仿效当年大禹的步态作法行咒，甘霖大降，方圆五里的农田均获浇灌。从此，人们更加把她奉若神明。

小二外出从来不戴面纱遮面，村中男女老幼都见过她的模样。少年们有时聚在一起，偷偷议论她如何美貌，待到迎面相逢，却又都规规矩矩，不敢正面看她。

---

[1] 原文为"食指数百"，意为数十人。——编者注

每到秋天，小二就出钱让村中不能耕作的童子去采摘苦菜与蓟草，二十年后，野菜已经堆满了楼屋，人们背后都笑话她做傻事。不久，山东发生大饥荒，甚至出现人吃人的惨状。小二这才拿出贮存的野菜，掺在粮食里赈济灾民，附近村子的人全靠她才得以活命，不必四处逃荒。(《小二》)

在故事中，蒲松龄将琉璃厂作为全村的财富来源，此想法必定源自其老家淄川县南部的博山县一间当时正在营运的琉璃厂。但郯城本地并无制造业，黄六鸿既无外财可用，亦无使郯城士绅——无论是作恶多端的还是为人尊敬的——捐款之妙术。经验告诉他，凡涉及赋税征收之事，士绅和庶民应区别对待：若施以压力，平民百姓往往会因畏惧而支付。但士绅本就对拖欠习以为常，若过于强势，恐怕会使其颜面尽失，从而致使地方势力敌对。他们甚至可能越过知县向上申诉，或对知县的僚属进行骚扰。

但黄六鸿最终决定，对新汪社地主刘廷琬采取行动。新汪位于郯城城西二十里，靠近马头镇。郯城有四社包揽成风，其中当属新汪最重，其余三社分别为县东北的朱吕、重沟及县南的杏塾[①]。此四社也大多以久逋税款而臭名昭著。黄六鸿允诺，凡按期完粮纳税者，他将亲自递酒、披红、插花，击鼓作乐从县衙大门送出，欲借此提振纳税者的精神。然而此法在新汪并

---

① 此据冯可参《郯城县志》，黄六鸿《福惠全书》作"杏墩"。——编者注

不奏效，该地半数以上百姓均与不同的地主存在包揽关系，未得庇护而逃亡者也越来越多，从而使留下之人的赋税负担愈发沉重。

1671年，新汪有两个社长——胡际明和另一位胡姓同僚。是年春末，新汪已陷入逃税、包揽和逃亡的恶性循环，两位社长无力征税，走投无路。绝望之际，他们同意出面作证，指认地主刘廷琬住在邻县的高册社，却在新汪拥有土地。刘家乃是高册社两大家族之一，可以为任何逃亡者提供庇护。两位胡社长已决意到县衙提供刘廷琬犯证，但他们请求延期至麦谷收割之后，（等到更多粮食售出）以便从农户那里征得足够税银，达到首期应缴配额。

刘廷琬迅速利用这段延期时限，雇用暴徒蹲守在县衙外，恐吓可能来提供刘家罪证的人，同时派出一众恶党，追查二胡下落，将二人痛殴至腿骨折断。而他仍不肯善罢甘休，命人将遍体鳞伤的胡际明吊在一根杆子上，带往沂州，意图继续拖延案件审理。刘廷琬本人则逃离郯城，躲在别处。由于找不到其他愿意作证之人，此案最终被搁置下来。

第三章 寡妇

彭氏的丈夫陈太祯于 1669 年病逝。他并不富有,但身故后留给她少许银钱、郯城近郊的一块地、一间房子和一头耕牛。他们育有一子,名叫陈连。如今,抚育教养儿子,使其继承父族香火,成了寡妇彭氏的责任。

《县志》中有许多传记,旨在展示寡妇们如何依靠决心,背负道德使命,独立谋生,抚育子女,使其日后成为贤良之士或忠贞之妻。有位妇人二十一岁丧夫,把亡夫留下的三个孩子抚养成人,活到了八十四岁高寿。妇人李氏守寡,须抚育二男,她使长子弃书就农,自己则靠织布供次子读书,后者先是通过县试,又在乡试中考取举人(百年来,郯城仅五人中举)。这两位妇人都于 1670 年去世,但仍有许多在世者成为这种道德理想的见证:妇人杜氏五十五岁,丈夫及伯叔都在 1643 年清军攻城时被杀,她不仅抚育自己的二子,还将五个失怙的外甥养育成人。妇人刘氏四十六岁,二十五岁时丧偶,膝下无子,便收养丈夫的叔伯一子①,以延续夫家血脉。妇人田氏五十六岁,十九岁丧夫,独自将遗腹子养育成人。冷村社妇人范氏已八十一岁,其事迹更是坚贞典范,她先后抚育自己的儿子、丈夫前妻的两个儿子,以及失怙的孙子长大,四人皆考取生员。

蒲松龄对此类叙事态度暧昧,时常讥讽这些忙于纺织的寡妇所谓的坚贞——

一日夜里,老寡妇正在纺线,一个年轻女子忽然推门而入,笑着说:"老妈妈不累吗?"这女子看上去十八九岁,容貌秀美,衣裳炫丽。老妇惊问她从哪里来,女子说:"我可怜您一个人孤单,故来做伴。"老妇怀疑她是高门大户逃出来的,便再三追问。女子说:"老妈妈别怕,我同您一样,在这世上也是孤身一人。我喜欢您干净,所以前来做伴,两人都能排遣寂寞,岂非好事?"老妇又疑心她是狐妖,犹豫不语。女子竟坐到织机旁,径自纺起线来,说:"老妈妈不必担忧,这些活计我也擅长,一定不会让您养活我。"老妇见她温婉可爱,便放了心。

夜深了,女子对老妇说:"我带来的被褥枕头还在门外,劳烦您如厕时顺便拿进来。"老妇出去,果然取回一包被褥。女子摊开放于床榻上,不知是何种锦绣,香滑无比。老妇也铺开棉被,与女子同床。女子刚解开罗裙,一股奇香便充盈房中。一同睡下后,老太婆暗想:竟遇到这样的美人,只可惜自己不是男儿

---

① 原文过继的是"伯梁大胤"之子,应是刘氏丈夫的哥哥。——编者注

身。女子在枕边笑道："老妈妈七十岁了，怎么还想入非非？"老太婆说："没有的事。"女子说："既不是想入非非，怎么想做男子呢？"老太婆更觉得她是狐妖，非常害怕。女子又笑道："既然想做男子，怎么又怕我呢？"（《绩女》）

蒲松龄也讥讽士绅，因他们兼挑剔与淫猥于一身，却极力褒扬高尚贞洁之人。他们通常是乡贤贞烈传的编撰者。蒲松龄暗示，这些人将妇女纳入"贞烈"名册之中，动机并不纯粹。至少从某一层面而言，蒲松龄的疑虑不无道理，郯城的事例便是明证，冯可参在《县志》中提到，"乡贤"、"贞烈"两篇所用资料皆取自地方士绅。毋庸置疑，这些篇章反映出士绅的价值观或其理想叙事。我们也知道，这些士绅在编撰史料时夹藏私货——四位编者中，有三人的母亲与两个嫂子都被选入五十六人之列。

但大体上，蒲松龄所持观点似乎与当时通行观念相合，认为寡妇应当遵守妇道，坚贞不渝。因此，他有一篇故事写道，一女子得其临终丈夫许可而再嫁，但丧事尚未办完，她就违反礼俗，与情人私通。亡夫因此对她及其父家施以天谴：父家房屋无端起火，女子则被利箭贯穿，赤身陈尸于父家庭院中。然而，蒲松龄不同于时人，他小说中描写的寡妇多通晓法律，熟悉官场政治，对于那些妄图侵占其土地、损害其名节的男子，都能以智取胜。他对寡妇抚育一族男孩所面临的困难，尤为关注。《细柳》一篇较为严肃地详述了女主角起初不愿嫁作人妇，守寡后又独自养育继子与亲生儿子的故事——

细柳姑娘是中都一个读书人家的女儿。她腰肢纤细,窈窕可爱,所以大家戏称她细柳。

她自幼聪颖,识文断字,爱读相面之书。只是性格沉默寡言,从不论人长短,凡登门求亲者,定要亲自考察一番。她相过很多人,都不中意,就这样到了十九岁。父母生气道:"如今整个世上都找不到配得上你的人,你准备当个老姑娘吗?"

细柳说:"我本想自己做主,不信天命,但是这么久都没找到合适的,也是命中注定。从今往后,听凭父母做主吧。"

当时恰巧有位姓高的书生,也是世家子弟,颇具才干。听闻细柳的美名,就送来聘礼,二人便成了亲。

夫妻感情深厚。高生的前妻死后留下一子,小字长福,当时五岁,由细柳细心抚育。细柳有时回娘家,长福哭着要跟去,呵斥也不管用。过了一年多,细柳产下一子,取名长怙。高生问"长怙"何义,细柳说:"没有特殊含义,只希望他长久守在我们身边。"

细柳不善女红,似乎也不感兴趣,但对田产面积、租税多少都精心询问,唯恐了解不清。日子久了,她对高生说:"家中事务可置之不顾,就交给我处理吧。不知我能否胜任。"高生答应了。半年间,家中井井有条,高生称赞她很能干。

一日,高生到邻村喝酒,税吏来催征,撞门叫骂。细柳派使女前去好言相待,但对方不走,她只得派男僮叫高生快快回家。高生回来，税吏已经离开了。高生笑道："细柳，今日你该知道慧女不如痴男了吧？"

细柳听了，低头饮泣。高生赶紧拉过她安慰，但细柳仍闷闷不乐。高生不忍让细柳劳累，想亲自料理家务，细柳不肯。

细柳天明而起，夜深而息，更加勤快，提前存足了来年税赋，一年到头再没人上门催征。用这种方式经营衣食，家用也宽裕了。于是高生大喜，开玩笑说："细柳不但眉细、腰细、脚细，心思更细。"

细柳答道："高郎品德高、志向高、才华高，愿你寿比南山高。"

村里有人卖好棺材，细柳不惜重金买下，银钱不够，就向亲戚邻居去借。高生认为此物不急着买，坚决反对，细柳终是不听。过了一年多，邻里富户家中有人去世，愿出双倍价钱，高生认为有利可图，与细柳商量，她还是不卖。询问原因，细柳默默不语，再追问便落泪。高生感到奇怪，但不忍心逼问，也不再坚持。

又过了一年，高生二十五岁。细柳不让他出远门，如果外出迟迟不归，便派书童和仆人去催，到路上迎他。高生的友人都拿此事开玩笑。

一日，高生与友人饮酒，感到身体不适，回家途中坠马而亡。当时天气湿热，所幸丧服棺木早有准备。邻居们都佩服细柳的远见。

继子长福十岁开始学习作文，高生去世后，他懒惰骄纵，不肯读书，常与放牛的孩子玩耍。细柳劝说无果，用鞭子打他，可他依然冥顽不灵。细柳无可奈何，把他叫来："你若不愿读书，我岂能强迫你？但贫困人家不养闲人，你换了衣服，去和仆人们一同干活，不然我就用鞭子抽你，你可不要后悔！"于是给长福穿上破衣服，让他去放猪，回来拿着粗碗和仆人们喝粥。过了几日，长福苦不堪言，跪在院内，哭着说愿意读书。细柳转身面壁，充耳不闻。长福没办法，只好拿着放猪的鞭子哭着离开。秋天快过去了，长福没有衣服，没有鞋子，冷雨打在身上，缩着头如乞丐一般。邻人看见都可怜他，那些娶了填房的都指着细柳，说要引以为戒。一时间闲言四起。细柳略有听闻，但毫不在意。长福不堪其苦，扔下猪群逃走了，细柳也听之任之，不去追问。过了几个月，长福无处讨饭，面色憔悴地回来了。他不敢立刻进家门，哀求邻居老妇告诉细柳。细柳说："他如果能挨一百棍子，可以来见我，不然的话，就尽早离开。"

长福一听这话，立即跑回家，痛哭着说愿意挨打。细柳问："如今知道后悔了吗？"

长福说："后悔了。"

细柳说："既然后悔了，就不必挨打了，你安安分分在家放猪，再犯可就不饶了！"

长福大哭着说："我甘愿挨一百棍子，请让我回去读书吧。"

细柳不应，邻居老妇极力劝说，这才答应了。细柳让长福洗了澡，给他换了衣服，让他与弟弟长怙一起跟塾师读书。长福从此勤学善思，与以往大不相同，三年后考中了秀才。杨中丞看到他的文章，很是赏识，每月发给廪银，资助他进修。

长怙愚笨，读了几年书还不会写自己的姓名，细柳让他弃学务农。他却游手好闲，怕苦怕累，细柳生气道："士农工商各有所业，你既不能读书，又不能种田，岂不是要饿死于道旁沟壑之中吗？"随即将他痛打一顿。从此，让他领着奴仆们种地，只要哪天起晚了，细柳立刻痛骂，好的衣服饮食也都给了哥哥。长怙虽然不敢说，但心中暗暗不平。

农活干完了，母亲出钱让长怙学着做买卖。长怙又嫖又赌，钱到手就光，还谎称被强盗劫走，欺骗母亲。细柳觉察之后，几乎将他打死。长福长跪哀求，愿替弟弟挨打，细柳的怒气才消。从此以后，只要长怙出门，细柳就派人去探察。长怙稍稍有所收敛，但也并非真心悔改。

一日，长怙向母亲请求，可否与一群商人同往洛阳。他实际是想借机出门远游，以便随心所欲地寻欢作乐，但心里惴惴不安，唯恐母亲不答应。细柳听后似乎没有起疑心，立即拿出三十两碎银，为他打点行装，最后又给他一锭银子，说："这是你爷爷当官时留下的，不要花掉，可压在箱底以备急需。况且这是你初次出门学做买卖，不奢望你能赚多少钱，只要这三十两银子不赔进去就行了。"临行又一再嘱咐。长怙连声答应，离家上路，洋洋自得。

到了洛阳，长怙没有与同去的商人来往，而是住进名妓李姬家。过了十几个晚上，碎银渐渐花完了。他起初以为囊内有一大锭银子在，并不担忧没钱花，待取出银锭凿开一看，发现是假的，才大惊失色。李家老鸨见此，冷言冷语地嘲讽。长怙心中不安，但行囊空空无处投奔，只好希望李姬念及旧情，不要立即撵他出去。不一会儿，两人拿着绳子闯进来，套住他的脖子。长怙惊惧不知所措，低声下气地问是何缘故，原来那李姬早已偷偷拿着假银锭去告官了。到了官府，长怙有口莫辩，几乎被严刑拷打至死。入狱之后，没有银子打点，备受狱卒虐待，只能向同牢的囚犯讨些吃的苟活。

当初长怙出门时，细柳对长福说："记住，二十天后，要派你去一趟洛阳。我事情多，恐怕忘了。"长福问母亲为什么，细柳黯然神伤，长福不敢再问，就退了出来。过了二十天，长福去问母亲，细柳叹气道："你弟弟现在这般轻浮放荡，就和你当年不肯读书一样。我若不冒恶名，你哪有今天？人们都说我狠心，但我每日泪湿枕席，他们不知道罢了！"说着落下泪来。长福在一旁侍立恭听，不敢多问。细柳哭完，说："你弟弟放荡之心不死，我故意给他假银锭，叫他受些折磨，想来他现在已经被关在狱中了。杨中丞待你不薄，你去求情，可以使长怙脱离死难，也能让他愧悔。"

长福即刻启程。到洛阳，弟弟已被捕三天。他赶去狱中探望，长怙气若游丝，面目如鬼，见了哥哥哭得抬不起头来。长福一同大哭。当时长福受杨中丞宠信,所以远近都知道他。县令知道他是长怙的哥哥,便立即放了长怙。

长怙回到家,怕母亲发怒,跪行至母亲面前。母亲看他一眼:"这回可遂了你的心愿?"长怙流着泪,不敢出声,长福也一同跪下,母亲这才呵斥他们起来。

从此以后,长怙痛改前非,家中各种事务都勤勤恳恳地去做,偶尔有些怠惰,细柳也不再责问。一连数月,细柳并不和他谈经商之事,他想去请求,但又不敢,只好把想法告诉哥哥。细柳听说后很高兴,抵押借贷了一大笔钱交给长怙,仅半年就获利一倍。这年秋天,长福中了举,三年后又考中进士;长怙经商也赚了数万两银子。

县里有人到洛阳去,曾见到长福家这位太夫人,虽然年过四十,仍像三十出头,衣妆朴素,与平常人一样。

在《细柳》这个故事中,高潮虽然都围绕金钱展开,但贫穷并非要害所在,关键反而在于同情、训诫和被误导却仍具有力量的舆论这三者之间复杂的纠葛拉扯。但蒲松龄又在其他故事中描述了邻里亲戚如何骚扰寡妇,夺走其家宅子女,通过诉讼或暴力侵占其田地。他们或是不断对其进行骚扰,或是使其子嗣纵欲无度,或诱其赌博,输光家产。

在郯城,也能找到寡妇不时为财务压力所苦的证据,只不过常常被改嫁的压力所掩饰。寡妇吴氏需要独自抚养一岁大的幼儿,《县志》中有一段简短的传记,其中有云:"姑卒,夫兄逼令改嫁。氏剪发毁面，尽归故产于夫兄，携孤祉依母以居。"寡妇安氏之死则有以下描述："妻于归甫半载，羡婴暴疾而亡。氏恸哭，誓欲同死，乡人未之信也。次日，将己妆奁衣服焚之，舅姑不能禁。宗党聚而观焉。氏抚膺长叹曰：'夫乎！吾从尔逝矣！'即以身跳入火中，邻妇救之出。守者始密。又次日，氏谩姑出，即扃门缢于房中。时年一十九岁，人称烈妇云！"

最后是寡妇高氏，其夫于1643年清军劫掠时遇害，关于此人，《县志》如此记载："是时，家业尽空，兵荒盗起，人无宁居。氏以弱孺幼子，孤伶苦守。族人又逼嫁而谋其产。氏毁容破面，死不再适。投于县，泣诉，誓无二心……及其葬夫，哀痛七日不食。教子读书，不坠先业。困苦万状，极力拮据。愈变而愈贞者，三十余年。子克成立，贞操如氏。"

似乎可以确定，上述桩桩件件——吴氏弃财，安氏自绝，高氏诉诸官府——起因皆源自《大清律例》中一项涉及寡妇权利及遗产继承的条款。这部法典以国家名义颁布，后由刑部不时修订，它不止关注公然的犯罪行为，也为各行各业的大清子民标定权利义务，并做出权威解释，婚后夫妻也一体适用。相关条例（列于《户律》）规定："其改嫁者，夫家财产及原有妆奁，并听前夫之家为主。"此条本意旨在劝谕寡妇守志，却造成了明显的负面影响，即夫家亲族非但不鼓励寡妇矢志守节，还迫其再嫁。如此，他们不但免于负担孤儿寡母的吃穿用度，还能获利丰厚。

《大清律例》中这款条例解释了1670年春至初夏,郯城寡妇彭氏所承受的压力。丈夫死后,彭氏立刻履行了部分责任,将儿子陈连送入村塾就读。这间学堂很小,老师只是兼职,教书的同时还须耕作,以补贴家用。对陈连而言,要想登上仕途,光宗耀祖,这里是重要的起步。不过从始至终,陈家亲戚非但未给予彭氏帮助,反而不断刁难。为首者乃是陈连的堂兄弟陈国璘、陈国相及陈国连三人。三兄弟中的老幺牵走彭氏的牛,拒不归还,这对农户而言实为大事,因为牛不仅是必不可缺的犁耕牲畜,也是家族地位的重要象征,要精心饲养,不耕作时便拴于门前,以示众人。陈国连将牛牵走后,向彭氏勒索了三两银子。老二陈国相擅自闯入彭氏宅中,企图将其赶走。族长陈三福不能主持公道,彭氏丈夫的义兄陈太祥也未曾施以援手。他们想过迫使她搬离此地,或为保全自身及儿子而改嫁,也都以失败告终。彭氏誓不离家,并与外侄陈国相发生激烈争执,后者口出恶言:"我教你一毫得不到。"

《大清律例》中还有此条:"妇人夫亡无子守志者,合承夫分,须凭族长择昭穆相当之人继嗣。"由陈国祥的威胁及其之后行动可知,他至少知道此项条款的大意,并企图加以利用。若少年陈连身故,陈氏三兄弟将依法继承其财产,因1670年时陈氏族谱如下页所示。

陈连的叔叔陈太祥是已有嫡子的父亲从旁系收养的,依律不能继承,因此陈家正系子嗣可先于他继承财产。

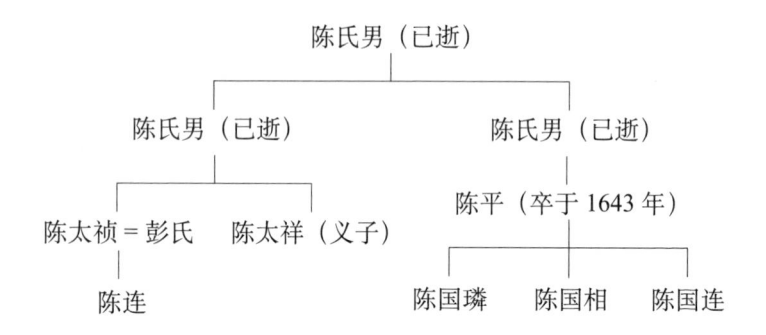

```
            陈氏男（已逝）
         ┌─────────┴─────────┐
    陈氏男（已逝）          陈氏男（已逝）
         │                     │
                          陈平（卒于1643年）
  ┌──────┴──────┐        ┌─────┼─────┐
陈太祯=彭氏  陈太祥（义子） 陈国璘 陈国相 陈国连
   │
  陈连
```

于是，陈姓三兄弟的谋划关键在于：如何杀害陈连而只得最轻惩罚，以继承其家产。陈国相心生一计，然而计策成功与否，取决于郯城县近来的混乱局势，也赖于对律法的一定认知。三兄弟的父亲陈平与许多人一样，死于1643年清军劫掠郯城期间，但尸骨始终未被寻获，死因及地点亦不得而知。陈国相决意捏造一个故事，称其父为陈连父亲所杀，而他以孝子心志发愤，为父报仇，但因凶手已死，故杀其嫡子以偿父命。至于为何父亲去世近三十载才有此寻仇之举，他会假称是酒后冲动。

在《大清律例》中，确有子孙为父母祖辈复仇的条例，但陈姓兄弟并未了解全部细节。实际条例如下：

> 凡祖父母、父母为人所殴，子孙即时救护而还殴，非折伤，勿论；至折伤以上，减凡斗三等。至死者，依常律。
>
> 若祖父母、父母为人所杀，而子孙擅杀行凶人者，杖六十；其即时杀死者，勿论。

刑部官员注意到"即时"一词在这两款条例中的重要性，于1646年在后面添加一小节文字，详释其义：若子孙行事非"即时"，而是稍有延迟，则应依常则，以斗殴论罪："少迟即以斗殴论。"若是杀死了谋害父母的凶手，则"依罪人本犯应死而擅杀律"论罪，"杖一百"。

陈姓兄弟并不明了此条令的细则，以为"替父报仇"通常可得当局宽大处置。事实上，在中国早期历史中确实如此，但为制约这类寻仇行为，《大清律例》采取了上述立场。陈氏兄弟不知道，法律既不会接受二十七年的追溯期，也不会接受以凶手之子替代凶手本人。

1670年7月6日，三兄弟中的老二陈国相走到郯城村塾，彼时陈连正与同学在学堂共读。陈国相带着一根用于浣衣的沉重木槌。老师不在，陈国相坐在桌上，问众学童老师在何处，众人答说在田中耕作。陈国相于是抓住陈连，将其拖出学堂。学堂位于庙宇旁边，于是，他就在供奉观音菩萨的大殿前，将少年打死了。

次日早晨，陈国相向官府投案，承认谋杀，但称出于孝爱之心，且因醉酒所致。他说自己在庙内偶遇陈连，遂起复仇之念。但他的说辞几乎立刻就被推翻，因为村塾学童称他到学堂时神志清醒，当着众人便殴打陈连。另外，三兄弟对于数年前父亲为陈太祯所杀的地点，说法不一，且未能提供证人证言，证明其早在1670年夏季以前便有复仇之意。事实上，证据显示，他们与所谓的杀父凶手和睦相处了近三十年。知县嘲讽道，陈太祯近三十年来未曾遇上酒醉的侄子，何其幸运。

因此，陈国相未能如其所盼，依照为父复仇的条例论罪，而是根据《大清律例》中另一条例量刑："殴大功以下尊长。"知县认为，鉴于凶手与被害人的关系，罪名应为"殴杀小功亲属"。故而无论陈国相与陈连孰长孰幼，他都因蓄意杀人被判以绞刑。

寡妇彭氏未能讨回她的牛或钱财，因为陈国连已携牛与钱逃出郯城，不知所踪了。彭氏的儿子已死，如今她没有夫家的直系男性血亲，因此族长受命指定了陈氏旁支一人为其后嗣。

第四章　争斗

蒲松龄很熟悉家庭内部的矛盾。他如此描绘自己的早期婚姻生活——

我是家中第三子，十余岁尚无婚约。父母听闻刘公次女待字闺中，便托人说媒。有人嫌弃我父亲贫寒。刘公说："闻其为忍辱仙人，又教儿读书，不因贫寒而耽误学业，训子有方，不入歧途，家贫又何妨？"两家便定下聘书。顺治乙未年（1655），讹传朝廷将选良家女入宫，人情汹动。刘公起初不信，但又不敢确保必无其事，便与众人一样，将女儿送至婿家。当时她十三岁，与婆婆董氏同寝。待流言平息，才又回到娘家。

又二年，我们才依礼成亲。她过门后最为温谨，朴实寡言，不如嫂嫂们慧黠，也不似她们常常与婆婆言辞无状。母亲总说她有赤子之心，倍加怜爱，到处逢人便夸。大嫂愈发忿恚，与妯娌暗中勾结，怀疑母亲有偏私，频频侦查。但我母亲素来公平坦诚，诸子不分嫡庶，抚爱如一，并无瑕疵可指摘。而（两位)嫂嫂屡屡以小事生是非,呶呶长舌,争吵不休。父亲说:"这样下去如何是好!"便将二十亩田分与诸子。那年歉收,我们只有荞麦五斗、小米三斗。诸般器具,人人都弃朽败,争完好,而刘氏默默如痴。几位兄弟都分得主屋,且厨房、闲房俱全。唯有我们不同:只有三间农场老屋可住,旷无四壁,杂树丛生,蓬蒿遍地。

据此种种经历,蒲松龄写出了他创作生涯中最为凶残的一些故事:其中一篇的主角是一个大家族中的亲兄弟和异母兄弟——他们的名字都代表了一种儒家美德,蒲松龄讲述了一个家族在兄弟日益激烈的接连争斗中分崩离析的故事。此外,通过对地方贼寇团伙的观察,以及对民间乡野传奇的了解,他的创作超越了对现实的摹写,深挖出赤裸裸的恐怖在社会内部造成的影响,也揭示了贫苦将催生出鲁莽冲动、突如其来的暴力,这种暴力几乎没有处理之法。蒲松龄对地方官员处理这类情况的能力不抱信心,下面这篇故事以崔猛为主角,其寓意仅仅是:这种暴力最终须由个人意志控制;若对暴力加以引导,使其为社会整体利益而存在,便有望填补官员的疏漏,使地方村民能够自保——

崔猛,字勿猛,是建昌府世家之子。他性情刚毅,幼时在私塾读书,别的学童稍有冒犯,他便拳脚相加,屡受惩戒也不悔改,老师便给他起了这个名字。

长到十六七岁,崔猛已经武艺高强,能撑长竿登高上房。

他好打抱不平，因而乡亲们都很尊敬他，来诉冤的人往往挤满庭院。崔猛锄强扶弱，不避怨仇，别人稍有违拗便棒石交加，打得人肢体伤残。当他盛怒时，没人敢上前劝阻。但他待母亲尤其孝顺，只要母亲到场，定能将他说服。母亲也经常加以责骂，崔猛唯唯听从，可是一出家门就忘得干干净净。

邻家有个悍妇，成天虐待婆婆。婆婆快要饿死了，儿子偷偷给母亲弄些吃的，悍妇知道后百般辱骂，声遍四邻。崔猛听得大怒，翻墙过去，将悍妇的鼻耳唇舌统统割掉，悍妇立时毙命。崔母闻后大吃一惊，喊来邻家子，极力好言安抚，又把自家一个年轻丫鬟许他为妻，此事才作罢。

但是母亲气得直哭，不思饮食，崔猛心里害怕，跪求母亲杖责，并表示悔改，母亲仍恸哭不理。妻子周氏见此情景，也跪下求情。崔母这才用棍子打了他一顿，又用针在他手臂上刺十字花纹，用红土染色，以免磨灭。崔猛受完这些责罚，母亲才肯吃饭。

崔母喜欢布施化缘的僧人道士，往往让他们吃得又饱又好。一次，门口来了一位道士，崔猛从他身边走过。道士看看崔猛说："公子身上多凶横之气，恐怕难保善终。积善之家，不应如此。"崔猛刚受过母亲的惩戒，听到道士的话，恭敬地说："我自己也知道，但遇见不平的事，仍不免发怒。我若尽力改正，能免此灾祸吗？"道士笑说："先别问能免不能免，请先自问能改不能改。只要你竭力自制，即便只有万分之一的希望，我会授你避祸的法术。"崔猛平生不信巫术，笑了笑没说话。道士说："我知道你不相信。但我所说的不同于巫术，照着去做，也算是积德行善，即使没有效验，亦无妨碍。"崔猛便请教如何去做，道士说："门外有位后生，你应当同他结为挚友，将来即使你犯下死罪，他也能救你。"说完，把崔猛叫到门外，指给他看，原来是赵家子，名唤僧哥。赵某是南昌人，带儿子逃荒到建昌。崔猛从此尽心与僧哥结交，并请赵某到自家设馆教书，待遇优厚。僧哥当时十二岁，拜见过崔母，和崔猛结为兄弟。第二年春天，赵某就带家眷返乡了，从此再无音讯。

邻家悍妇死后，崔母对儿子的管束更严了，再有来家中诉冤的，她一律撵出去。一天，崔母的弟弟过世，崔猛随母亲去吊唁。路上遇到几个人，捆着一个男人，连打带骂，催他快走。围观的人堵了路，崔家的车子过不去。崔猛询问原委，认识他的人竞相上前诉说始末。

原来，有位巨绅之子平日里横行霸道，窥见李申的妻子有些姿色，就想夺过来，只是没找到借口。他指使仆人引诱李申赌博，借给李申高利贷，以妻子作抵押。李申把钱输光了，一借再借，一夜之间负债数千钱。半年后，李申连本带利已欠这恶少三十万钱。李申无力偿还，恶少便派爪牙将李申的妻子抢走。李申上门哭诉，恶少大怒，将李申吊在树上百般毒打，逼他立下"无悔状"。

崔猛听到此处，气如山涌，鞭马向前，要去动武。崔母拉开车帘喊道："哎！又要去闯祸吗？"崔猛这才没去。吊唁归来，崔猛不语不食，只是呆坐着，两眼发直，像在同谁怄气。妻子问他，他也不答。到了晚上，崔猛和衣躺在床上，辗转反侧到天亮，第二天夜里仍是这样。他忽然打开门出去，一会儿又回来躺下。如此三四次，妻子不敢问，只是屏息听着他的动静。最后，他出去了许久，回来关上门就睡着了。

当夜，那恶少被人杀死在床上，开膛破肚，肠子都流了出来，李申的妻子也赤身死在床下。官府怀疑是李申干的，将他抓了起来，动用种种酷刑，打得脚踝骨都露了出来，李申也没招认。过了一年多，李申受不了酷刑，衔冤认罪，被判处死刑。这时，崔母去世了，安葬完毕，崔猛对妻子说："杀那恶少的人实际是我。只因老母在世，不敢泄露。如今我已为母亲送终，怎能再累及他人呢？我要去官府自首！"妻子听了，慌忙拉他，但他挣脱开，径自去了官府。县官大吃一惊，给他戴上刑具送进监狱，释放了李申。李申不走，坚持说人是自己杀的。县官无从判明，便把二人同时收监。李申的亲属都责备李申自寻死路，李申却说："崔公子所为，是我想做而做不到的。他替我做了，我能忍心看着他送死吗？今日就当崔公子没来。"一口咬定人是自己杀的，和崔猛争着抵罪。时间长了，衙门都知道了真实情况，强令李申出狱，判崔猛死罪，不久就要行刑。

正在这时，刑部的赵部郎前来巡视，在查阅案卷时，看到崔猛的名字，便屏退手下，唤崔猛进来。崔猛进来，抬头一看，原来就是赵僧哥！崔猛心中悲喜交加，如实叙述了案情。赵部郎犹豫良久，仍令崔猛回到牢狱，嘱咐狱卒好生照顾。不久，崔猛因自首而罪减一等，充军云南；李申为照顾崔猛，也一同跟去了。不到一年，崔猛就得到赦令，回到家乡——这些都是赵部郎从中出力的结果。

回家后，李申一直跟随崔猛，为其料理家业。崔猛给他工钱他也不要，倒是对飞檐走壁、耍枪弄棒的武艺很感兴趣。崔猛待他优厚，为他娶了妻子，置办田产。此后，崔猛痛改前非，每每抚摸臂上的花纹，不由得流泪。因此，乡邻再有不平之事，李申就假托崔猛之名出面排解，不再告诉崔猛。

王监生家中豪富，四方无赖之徒经常在他家进进出出，县里一些殷实人家多遭他们抢劫过。若是有人得罪了王监生，他就勾结强盗，将人在路上杀死。他儿子也残暴荒淫。王监生有位寡婶，父子都同她有奸情。妻子仇氏多次劝阻，王监生便将她勒死了。仇氏的兄弟告到官府，王监生又贿赂官吏，反而判为诬告。仇氏兄弟无处申冤，去向崔猛求助，李申拦下他们，打发他们走了。

过了几天，崔猛家来了一位客人，正巧仆人不在，崔猛就让李申沏茶。李申默默走出去，对人说："我和崔猛是朋友，随他充军万里，关心照料不可谓不周到。他非但不给工钱，还视我为仆，我真是不甘心！"于是愤然离开崔家。有人将李申的话告诉崔猛，崔猛对李申态度大变很惊讶，但并未放在心上。

李申忽然又去官府告状，说崔猛欠他三年工钱。崔猛这才大为诧异，亲自去对质，而李申也愤怒地争辩。县官认为李申无理，斥责一番，赶出了公堂。

过了数日，李申突然深夜闯入王监生家，将王监生父子连同寡婶、儿媳一并杀死，在墙上留了纸条，写上自己的姓名。官府追捕时，人早已逃得无影无踪。王家怀疑崔猛是主谋，官府却不相信。崔猛这才恍然大悟，李申此前状告都是怕杀人后连累自己。官府向附近州县发出通缉令，紧急追捕李申。这时赶上李自成造反，案子也就搁置下来。

明朝灭亡后，李申带家眷返乡，仍与崔猛交好如初。当时贼寇四起，王监生有个侄子叫王得仁，纠集叔父当年身边的无赖，占山为盗，劫掠附近村寨。一天夜里，王得仁率盗匪倾巢而出，号称要来报仇。崔猛有事外出，盗匪破门后李申才察觉，跳墙出去，伏在暗处。盗匪找不到崔猛、李申，就将崔猛的妻子掳了去，财物洗劫一空。李申回到家中，见只剩下一个仆人，愤怒至极，把一根绳子剁成数十段，短的交给仆人，长的随身带着。他吩咐仆人到匪窝背后，爬上半山腰，点着绳子散在荆棘丛中，然后立即返回。仆人应声去了。李申见盗匪腰间都束着红带，帽系红绸，便也打扮成这种模样。家里正好有匹老马刚生下马驹，被盗匪们丢在门外。李申把马驹拴在桩上，骑上老马，让马衔上木棍，直奔贼巢而去。

盗匪们占据一个大村子，李申将马拴在村外，翻墙进去。

77

只见匪徒们乱哄哄的,兵器还未放下。李申偷偷打听,得知崔妻在王得仁处。一会儿,听到有人传令各自休息,盗匪们纷纷答应。忽然,有人报告东山起火,众贼一起张望,果然有火光,开始只有一两处,接着越来越多,像天上的繁星。李申喘着粗气大喊东山有敌人,王得仁大惊,带上兵器率众匪去了。李申乘机溜到后面,反身入屋。有两个盗匪守在床边,李申骗他们说:"王将军忘了带佩刀。"二人听了,争着去寻找,李申从后边挥刀,一个倒地,另一个回头看,亦被李申斩杀。李申背着崔妻翻墙而出。他把马缰交给崔妻,说:"娘子不识路,只管松开缰绳让它跑。"母马惦念马驹,往家疾驰,李申跟在后面跑。出了一个山口,李申掏出绳子,点着挂起来,这才回家。

第二天,崔猛到家知晓此事,认为是奇耻大辱,暴跳如雷,单枪匹马就要踏平贼巢。李申将他拦下,召集村人商议,但众人胆怯,无人敢响应。再三说明利害,才有二十多人敢去讨贼,又苦于没有兵器。正巧在王得仁同族家中抓到两名奸细,崔猛想杀掉他们,李申说不可,下令让二十人手持白木棍排成一队,当面割掉两个奸细的耳朵,将他们放了。众人抱怨:"我们这个小队伍,本来就怕土匪知道底细,现在反倒亮出实情。倘若土匪倾巢而来,全村可就保不住了!"李申说:"正合我意。"接着,把窝藏奸细的那家人杀了,派人去各处借来弓箭、火枪,又到县城借来两门巨炮。傍晚,李申率众壮士来到隘口,把大炮安在要道上,派两人点燃火种埋伏起来,嘱咐看见盗匪再发炮。

又带人来到山谷东口,砍下树木堆在山崖上。布置完毕,李申和崔猛分率十余人,埋伏在山谷两旁。一更将尽,远远听见马嘶,盗匪果然蜂拥而至。等他们全进入山谷,李申下令将堆放的木桩推下山崖,截断盗匪退路。接着炮火轰鸣,喊杀声震动山谷。盗匪慌忙撤退,人马自相践踏。退至山谷东口,盗匪们无法通过,摩肩接踵地挤在一起。两边山上火枪弓箭齐放,势如骤雨,断头折足的盗匪横七竖八地躺在谷底。剩下来的二十余人都下跪求饶,李申派人捆起来押送回去,自己乘胜直捣匪巢。守巢的盗匪闻风而逃,李申等人将匪巢中的军备物资悉数缴获,大胜而归。崔猛大喜,问李申当初布火绳阵的道理。李申说:"在东面点火,是引他们往西追;火绳短,很快可以熄灭,是怕敌人侦察到山上无人;在谷口设长火绳,是因谷口狭窄,一人便可守住,就算盗匪追来,看到火光也必然害怕。这都是一时犯险想出来的下策。"审问被俘的盗匪,果然说追到谷口,望见火光就吓得撤退了。这二十多个被俘的盗匪,割鼻断足之后都放了。从此,二人威名大震,远近避难的人都来依附,集结成三百余人的民团。各处土匪强盗都不敢来犯,地方安宁。(《崔猛》)

郯城县有一王姓人家,或许就是蒲松龄所杜撰的王家原型。王家户长名叫王三,他原先住在郯城县东北七百里外的栖霞县,曾在于七军中做先锋。1661年至1662年初,这支起义军在山东山中与三支满军对峙数月。围攻的满军将起义军击溃,并对其驻地附近村落进行了报复性劫掠,于七设法逃脱,部下大多被擒,遭到处决。与此同时,王三也得以逃脱,赴郯城避难。他用携带的盘缠在郯城县最南面的五丈沟购置了一座楼堡,以便急难之际越过邳州边界,离开山东,进入江苏。村民曾见大批马队携剑持弓,趁夜而来,王家人也经常骑马外出,数日不返,但无人敢报官。

王三之子王可习,凶悍如其父,娶了当地地主庄某之女。庄某在嫁女的同时,还立契将三顷五十余亩良田让与王家。此举系欲换取王家庇护,因为当地众人皆知王家不仅是地主,也是村霸。

郯城并无蒲松龄小说主人公崔猛的原型,也许当地农夫李东振与其刚直性格最为相似。李东振住在郯城西南四十二里外的涝沟集附近。他在此有一处大宅,几间屋子砌土为墙,铺泥为地,中有庭院,四面环墙。宅院虽大,却贫穷简陋,没有值得偷窃之物。李东振有七子,其中六个儿子与其同居,唯长子李瑗已迁居附近的泥湖村自立门户。

李东振与长子都期望承租庄家的三顷五十余亩良田,因此地与李家田土相邻,据邻人言,二人对此"有垂涎之意"。1670年春,庄某将地块立契让与王三后,李家父子怒火中烧,为表对庄某转让土地的失望之情,他们放任自家牲畜肆意奔逐,驴猪频频越界进入王家新田。

初夏一日,王可习带人下地耕作,见李瑗家的一头猪正拱自家的田，遂杀之，并因李东振放任牲畜践踏王家田土而对其大骂不止。李东振也恼了，怒称王家"仗着响马的势子"。尽管李东振所言非虚，但王家人认为其公然挑衅，不可饶恕。7月6日（恰为陈国相在城郊打死陈连那日），王三在宅中与朋友三人商议报复之策。他们计划再约苏大与李胖子同往，前者莽撞出名，后者老练可恃。又遭人问卜，算命的称"六六"，即农历六月初六（7月22日）为吉日。王家人即定于那日傍晚行事。

7月22日午后，王家一党暗藏凶器，骑驴穿越乡间。他们将驴留在李东振家后山，随后藏匿于丛林，待夜幕降临。一众八人，其中一人留下来看着驴，王三把住房后的路口，两人被派往前门看守。王可习用红土涂面，以免被人认出，与另外三人翻墙进入李东振家庭院。这晚暑热难当，李东振与两名友人，以及几个儿子正卧于庭中纳凉。他尚未起身，就被王可习在心口刺了一枪。李东振惊起大喊："是谁？"颈后又被砍一刀，另一刀刺穿其肋，当场倒地身亡。立时王可习又杀李东振第五子、第七子。第六子奔向门口，亦被截斩，次日身死。妇人无恙，但两位客人均被砍伤，并被逼问李东振其余子嗣的下落。此时，头部负伤的第三子逃到邻居家，鸣锣大喊。听闻锣声，王家一党重新集结，骑驴返家。

整整三日，李家幸存者商讨良久，无人敢直接状告王家，邻里、负伤的客人亦然。李家最终决定对庄家提出"仇贼杀死父子四命"的双重指控。李家人估计，庄某为自证清白，必然牵连王三。捕役根据李家指控，逮捕庄某至郯城审问，然而王三厚颜无耻，竟亲往公堂，誓言庄某为良民，无须擒之，并自愿为其担保。言罢，他护送庄某离开公堂，满堂差役无不惊讶，亦无人敢有异议。

十四日后，李瑷提出新状告，此次为"劫杀四命"，而不提报复与抢劫之事，且未指明被告。刚就任知县的黄六鸿虽知此事艰难，因为即便是官衙之内安全防卫也都很薄弱，但决心查明不同指控背后的实情。他已查知二十四个遍布全县四乡之内的无赖下落，二十四人皆与衙内各层有关，他做出决断后，他们立刻就能得到消息。

知县处心积虑，迂回以进。他先召李瑷私密夜谈，允诺找机会帮其家人复仇，使李瑷透露案中主犯。李瑷点名王可习，述说凶案详情后，黄六鸿便放他回家。翌日，黄六鸿唤来捕役中值得信赖的余彪，问道："尔知杀李东振父子之贼乎？"

余彪警觉地看着他良久，答道："某虽知之，未敢言也。"

黄六鸿："尔但言何以得此贼。"

余彪："得之无难，恐事泄耳。"

黄六鸿："尔知谁为此贼有仇？"

余彪默思良久，说："县民管明育者，其弟为三所杀，每言及，涕泗横颐，但不知所报耳。"

黄六鸿继续谨慎行事，担心召见管明育会为其招致杀身之祸，故而召管明育的堂弟管明告，后者卷入了一起刑案，需传亲属，因此让管明育以庄头身份陪他听审。审讯后，再独留明育问话：

黄六鸿："明告尔弟乎？"

管明育："族弟也。"

黄六鸿："尔独无弟乎？"

管明育："有弟，死矣。"

黄六鸿："何以死？"

管明育："为贼所杀。"

黄六鸿："何贼？"

管明育："公问之，不无意乎？杀某弟者王三也。某弟年十三，方刈黍，误践其界，遂缚之归，扑杀之，瘗其尸于后圃。某迄今含恨，无敢言。昨杀东振父子者亦三也。若公有所使，某唯命。"

黄六鸿："手足仇可不报乎？吾七月朔有东乡之役，尔于是早诣三所居，侦其在家。令余彪伏三圃垣后。尔即语彪，吾当自至也。泄则死。"

随后黄六鸿取出六两银子，先给了管明育三两，允诺将王三捉拿归案后再给他剩下三两。

为信守诺言，黄六鸿须集结足够的兵力捉拿王家人，但不可使消息先行泄露。至少据纸面所见，他有足够兵力应对眼下形势。郯城县驻有三支正规军：其中一百五十名兵卒驻守县城，负责守卫城厢或较小的乡间集镇；八十名兵卒驻守县南重要驿站红花埠；另有二十一人分布于通衢要道上的七家官办客栈。这些兵力约有四分之一是骑兵，其余为步兵。另有一百三十二名骑兵和马夫驻守于另一个主要驿站。知县本人的僚属共一百零三人，含乡勇五十人、皂隶十六人、马快八人。马快似乎最为黄六鸿所倚重，他们年俸十七两半，几乎是年俸六两的乡勇及皂隶的三倍之多，且训练有素，忠诚可靠。但其他人员则状况百出。由于缺乏凝聚力，营兵与马夫之间冲突不断，甚至在街市上斗殴，而营兵与骑兵皆对胥吏、差役暴力相向。马匹状况糟糕，且数量远未及规定的一百三十匹，其中不少相当羸弱，不堪骑乘。城内守军的千总朱成名虽英勇善战，但与王家交情甚笃，此时也不堪倚用。

为防走漏风声，黄六鸿只宣称将前往马头镇一带例行视察。与管明育会面后，当晚他便召集近四十骑兵，含八名马快与县衙内的三十名乡勇，启程赶赴马头镇。千总朱成名请缨同往，黄六鸿说不必，但相约次日在重坊集附近碰头。黄六鸿与一众人马冒雨向西骑行二十里至马头镇，并未停留，稍事歇息后便继续连夜向东南疾行，抵达重坊时天尚且未明。此地距王家宅院约十八里，他们在此进食休憩，捕役余彪则如约与管明育相见。

一行人正在吃早餐，余彪疾驰来报：管育明已如期抵达王三家中，带双鹅谢罪，王三大喜，请他进门共饮。但黄六鸿必须尽快行动,因王三上午打算骑马到涝沟赶集。黄六鸿刚与朱成名带领的二十名骑兵会合,但在向王三家疾驰的途中,他仍未告诉朱成名所往何处,只大声道:"君至自知!"

尽管谨慎再三,但众人抵达之际,王三竟已获悉。王宅大门紧闭,宅中众人或持火器,或持枪刀,各就其位。一名马快认出,手持方天戟在墙头端立者,正是王三。

黄六鸿的主要顾虑在于,王家人马可能分散至附近茂密的高粱地里,他也心知要攻下王宅,必得鏖战一番。因此,当王三佯装退至宅后时,黄六鸿便将计就计,也率人马绕至宅后,期待王三逃往邳州,如此便有望在边界附近的平野设套捉他。黄六鸿告诉左右巡捕:"此贼调虎离山计也。"王三与二十名贼众从前门骑马闯出,黄六鸿等尾随其后。追至邳州界河,王三等人依然领先,朱成名则止兵于此,说官兵越界有违规定。但黄六鸿追捕贼人的激情已然压过他平日为官的谨慎,只听他大喊:"郯城官兵追捕郯城盗贼,谈何违反规定?"随后便领兵渡河。

河对岸是一座小山,追至山脚,王三与贼众便在那山前等待。他们何故停滞不前,尚不明了,或是因马匹乏累,或是以为郯城官兵会止步于界前,抑或是他们认为知县的兵马不敢一战。后者最有可能,因为王家人马立即展开攻势,持矛直跃,将一名管队刺下马去,同时有人举矛刺向另一管队的胸口。所幸二人身穿胸甲,未受重创,但剩余兵卒也因此畏缩不前。直至黄六鸿的一名内丁射箭正中一贼人的胸口，令其贯背而亡，管明育又率数十名壮丁赴战，使乡勇士气大振。如今，王家贼众二十，而知县兵马九十，一场恶仗即将展开。

王可习被管明育用棍击倒，王三纵马上前营救，胸部中箭落马。王家三人或被杀，或被俘，余党纷纷逃窜。黄六鸿并未追捕，他已擒获最想捉拿的贼首二王。

二王被押回郯城，连夜审问。王三箭伤逐渐溃烂，在审讯期间毙命，但死前承认参与杀害李东振。王可习也对罪行供认不讳。王三虽已身死，但郯城仍陷入恐慌。士绅纷纷收拾细软，唯恐王家党羽揭竿造反。有人试图从狱中劫出王可习，令黄六鸿深感不安，将其运解至北方防守更森严的沂州监狱。

二王被擒次日，郯城西南一些村落有八十余户人家逃离，应是皆与王三一党有所关联，如今害怕遭到报复而逃。但他们所惧何人，是其他匪帮、官府兵卒还是邻里乡亲，就不清楚了。

王三之事在郯城人的记忆中久久不散。虽然王三因箭伤殒命，足见他并不像一些人所相信的那般神通广大，但人们无法忘记其所作所为，其党羽之众，以及最后那惊人的虚张声势之举：身为杀人凶手，却亲至公堂，为他的替罪羊做担保。

二王自认犯下《大清律例》中的"十恶"之一，"杀一家三人"罪。条文为："凡杀(谓谋杀、故杀、放火、行盗而杀)一家非(实犯)死罪三人，及支解（活）人者，凌迟处死；财产断付死者之家；妻、子流二千里；为从者，斩。"人们或许以为，待法律纠纷定结，李东振的遗孀与四个遗子应当得到王三历年积聚的钱财，从此家境殷实。但事情并非如此。黄六鸿清点五丈沟王三宅内财物时，却惊讶地发现三间房内并无值钱家当，仅有些简陋器具。宽大的马厩内马粪盈丈，却没有马，只有几头驴子。王家一名佃户称，王三在郯城并无财宝，仅将此地视为基地，其财资厚蓄均运往江苏省境内的邳州，由盟兄弟朱贡生看管。没有记载显示，黄六鸿曾行使法律与行政程序，将江苏贡生的财产转移给一户山东农家。

第五章　私奔的女人

冯可参以最高标准甄选并撰写《郯城县志》中的"人物志"，针对女性尤其如此。"贞烈"妇女传的传播，是地方名士将其认为正确的女性举止强加于他人的重要方式之一，此举也与当时朝廷力推的价值观完全一致。所谓女性的行为举止，一般即指女性对丈夫的行为。因为在17世纪70年代印行的五十六篇郯城女性传记中，仅有三篇的主角是未婚女性，其中又有两位已订婚，即将成亲。他们鼓励的德行包括贞洁、勇敢、坚忍，以及毫无异议地接受普遍的男女等级差异，必要时甚至以死明志。列载的女性中，有十五人自杀，其中十三人是出于对亡夫之忠贞，或为免遭强暴，令夫妻二人蒙羞。与为复仇或因愤怒而自尽者不同（黄六鸿对此类行径多有批评），若是没有子嗣的孀妇自杀，则会在道德上被视为"正确"之举，因为此举显示出女性对丈夫的崇敬。即便丈夫在地方上名声不佳，其遗孀自尽亦会受人褒赞。这从高氏之案中可见一斑。高氏之夫因谋杀罪被羁押于郯城狱中，妇人前去探视病重的丈夫，在牢中企图用裹脚布缢死自己与丈夫。狱卒出手制止，且不许她再次探望，她只得前往城隍庙，向城隍自白："妇人从一而终，夫之不幸，妾之不幸也！奈何独生？妾志定矣。与其身殉于终，孰若断之于始。妾之事，惟神鉴之。"随后便在城隍庙廊下自缢。此类自杀之举并不限于受过理学忠孝思想熏陶的士大夫家庭。例如，在丈夫病逝后自尽的刘氏，本人为木匠之女，其夫为佣工；另有一位自尽的孀妇，其亡夫为小商贩，往来于李家庄和莱芜镇两地做买卖。

社会对妻子忠贞的要求如此强烈，即便只是订婚的女子，也须遵循此道。刘氏女的未婚夫张寿在婚礼前去世，父母将其偷偷许配他人，于是她"截发毁面"，发誓永远忠于未婚夫。她坚持侍奉张氏父母如公婆，终生茹素禁欲，与二老同住。另一个少女年仅十三岁，事迹更为辛酸，她本与未婚夫刘氏一族同居于郯城北的望天社。这类安排在当时十分普遍——年轻女孩可获得食物和庇护，未来婆婆则能得到额外的帮手打理家务。但在1651年，正式婚礼举行前，刘氏遭人诽谤，称其与寡嫂有染。他在冲动之下自宫以证清白。刘家父母与少女的母亲都同意婚约已毁，因"刘已废人"，并为少女安排了新的亲事。但新丈夫上门来访时，少女以接待前须沐浴净身为由，关上房门，自缢身亡。

这类故事，既留存于时人的记忆中，也被记载在书上。

此外，许多1671年尚健在的老人也会向后辈叙说过往的牺牲，比如妇人王氏的公公七十多岁；曾任社长的郁纯年逾九旬；寡妇范氏八十一岁，其传记载，1615年大饥荒时她已诞下儿子，当时正是人们"或数十文钱，即鬻其妻，一二馒首，即鬻其子"的年代，1622年白莲教叛乱，致使许多郯城人送命，她在这一年丧夫守寡。对大多数老迈的幸存者以及年轻的后辈而言，最可怖的往事莫不发生在1643年清军劫掠郯城之时。正是从这些故事中，可寻得最为典型的案例。郯城贞烈传中记载的女性，至少有九位因清军入侵而丧夫，《县志》中还描述了四位烈妇的悲惨命运：谢氏与田氏嫁与兄弟二人，同室而居，清兵临城时，妯娌二人将腰带悬于同一屋梁上自缢，是时谢氏二十四岁，田氏二十岁。何氏的丈夫五年前去世，她携六岁幼女欲逃离之际，被清兵截获，她奋力反抗，士兵以刀击之，但她誓死不从，突围而出，抱着女儿投井。翌日，邻居听见幼女啼哭，救其一命，而何氏已经身死。清兵洗劫外室时，陈氏正与八岁的儿子在私室中庭等待。其夫尚在城中某处，试图与兄弟合力将老母送至安全之地。陈氏与儿子相泣于中庭，清兵闯入，将其拽出屋外，陈氏拼命挣扎，对士兵大声咒骂。后者将其拖至大门之时，她依然咒骂不迭，因此遇害。

还有一些人从郯城生还，但也都险些丧命。徐氏被清兵擒获受伤，但她设法与六岁幼子一同逃脱。杨氏的丈夫及婆婆遭清兵杀害，当时她怀着七个月身孕，公然为两位亲人治丧出殡，士兵也听之任之。两个月后，清兵撤离时，她产下一子。高氏在丈夫和年长的孩子们惨遭清兵杀害后，抱着五岁幼子从城墙上跳了下去。她向东奔逃，渡沭河时险些溺死，幸运地被当地村民救回家。

蒲松龄以《张氏妇》这个短篇故事，向这些妇女的勇气致敬——

甲寅年（1674），三藩造反，南下平叛的军队在兖州休整，洗劫城中鸡犬庐舍，奸污妇女。当时阴雨连绵，庄稼地积水成湖，百姓无处躲藏，便划着筏子钻进积水的高粱丛。大兵知道后，赤身裸体骑马进水，搜寻奸淫妇女，很少有人幸免。

唯有张氏妇没有躲藏，留在家中。家中有间厨房，夜里她同丈夫挖了一个几尺深的坑，里面堆上茅草，坑口用薄板稍加掩盖，又铺上草席，好像是可以睡觉的地方。张氏妇在灶前做饭，大兵来了便去应门。两个蒙古兵想要强奸她，她说："这种事情，怎能当着人干！"其中一个咯咯笑着，对另一个人咕哝了几句便走出去了。张氏妇与那人进了厨房，指着草席让他先躺上去。蒙古兵刚上去，薄板便折断了，蒙古兵陷入坑里。张氏妇又取来草席和薄板盖住，故意站在坑边，引诱另一个蒙古兵。不一会儿，那兵进来，听到坑里有人呼号，却不知在哪里。张氏妇笑着向他招手说："在这里。"那兵踏上席子，也掉进坑里。张氏妇于是往坑里又扔了些柴禾，点上火。火越烧越旺，整个屋子都烧着了，张氏妇这才大声呼救。火灭以后，尸体的焦臭味弥漫开来。有人问是怎么回事，张氏妇说："有两头猪怕被兵抢了去，藏在坑里，被烧死了。"

蒲松龄喜欢在每篇文章后面附上简短的评论，针对此文，他的评语是："巧计六出，不失身于悍兵。贤哉妇乎，慧而能贞！"

对于编辑蒲松龄著作的清人而言，这个故事过于直言不讳，因此在《聊斋志异》付梓之时，他们将此文删去了。或许在当时读者眼中，这些"蒙古人"显然就是指清兵，故而此文有谋反之嫌。然而，在故事中，蒲松龄笔下妇女面对的不仅是外来侵略者，还有更复杂的社会挑战——

湖州的宗湘若是个读书人。一年秋天，他到田地里巡视，看见在庄稼茂密处不停摇晃，便起了疑心，跨过田垄去看，却见一对男女在地里野合。他笑了笑就要往回走。当即见那男人羞惭地系上衣带，慌忙离去。这时女子也坐起身来，宗生仔细一瞧，长得十分秀丽。宗生心中欢喜，想马上缠绵一番，却又为这粗野行为感到惭愧，于是稍微近前，轻轻拂拭女子衣上的尘土，说："你们的幽会快活吗？"女子笑而不语。宗生走近女子身旁，解开她的衣裳，只见其肌肤细腻如脂，于是将女子浑身上下几乎摸了个遍。女子笑着说："迂腐的秀才！要怎样就怎样，乱摸什么？"宗生追问她的姓氏，女子说："恩爱一回，就各奔东西，何必细问？难道还要留下姓名来立贞节牌坊吗？"宗生说："在野地草露中恩爱，山村粗人才这么干，我不习惯。凭着你这么漂亮，即使私会也当自重，何至于如此草率？"女子听了这话,非常赞成。宗生说:"寒舍离此地不远,请你光临,共度良辰。"女子被此般说辞打动,是夜便赴宗生家中,与其云雨欢会。(《荷花三娘子》)

当地社会为蒲松龄的创作提供了无限灵感,因为他痴迷于潜藏在情欲关系中的种种问题:首先是钱色交易,从他的各类故事中,可根据他对妇女价码的戏谑估算编成一份价目表:与头牌名妓共度一夜,可能需花费十五两,而若想永久拥有这样一位美人,则需花费白银千两;二百两可买一个年轻歌女,一百两可纳一个姿色尚可的妾室;但只需十两,即可娶一个长相丑陋、脾气暴躁的地方士绅婢女为妻;农民鳏夫只需三两便可买到一个相貌平平的妻子(其中一两用于请书记起草婚约,铜钱若干赠予媒人,其余一两多则给新娘家人)。蒲松龄对各类离婚原因同样很感兴趣,例如家庭环境中的报复、背叛与挫折、文人的断袖之癖、相貌平平的女子特有的问题,等等。正如他在《夜叉国》的结尾所言:"夜叉夫人亦所罕闻,然细思之而不罕也:家家床头有个夜叉在。"他对以下这些妇女都颇有兴趣:生子后马上投入劳作的强壮妇女;抚育私生子的妇女;决心终身不嫁,效法何仙姑保持处子之身的女子(何仙姑是道教八仙之一,在麻姑庙中成仙,而据某些记载,麻姑便是来自郯城的女仙)。蒲松龄会戏谑地写到女性迟疑不决时,男人的机智——

男子亲热地去抱她。女子说:"你先松手。现在有两条路,请你选择。"男子搂着她的脖子问什么路。女子说:"若为棋酒之交,可得三十年聚首;若作床笫之欢,可得六年欢聚。你选哪一条?"男子说:"六年后再商议。"(《云萝公主》)

蒲松龄也乐于描写天真的读书人:有个书生专注于书卷,从不知情爱为何物,在得到一位美丽女子的启蒙后,他竟冲出门去,昭告诸邻。《颜氏》则是蒲氏版本的《花木兰》,后者即女扮男装,代父从军,出征作战的故事。蒲松龄笔下的颜氏受过良好教育,却嫁与一个愚蠢自负的书生,书生屡屡落榜,她斥责道:"君非丈夫,负此弁耳!使我易髻而冠,青紫直芥视之!"闻此言,书生大怒,瞋目视之,答道:"闺中人,身不到场屋,便以功名富贵似汝厨下汲水炊白粥。"最终书生许她一试,她穿着以棉絮填充的宽大男鞋,顺利中举,就任高官。

尽管有时以讽刺或幻想题材加以粉饰,但蒲松龄还是愿意客观地揭露,性服从可将弱势一方置于死地——

南三复是晋阳的世家子弟。他有一栋别墅,离家十余里,每日骑马去一趟。一次,恰巧半路下雨,途经一座小村庄,见一户农家庭院宽敞,便进去避雨。附近村民都忌惮南三复的威势,不一会儿,主人便出来请他进屋,行动拘谨,态度恭敬。南三复走进去,见屋子甚是狭小。待他坐定,主人拿起笤帚殷勤地四处洒扫,又冲了蜜水当茶招待。南三复让他坐下,他才敢坐下。

南三复问主人的姓名,主人自称姓窦,名廷章。不一会儿,又献上酒，炖上鸡肉，招待得很是周到。窦廷章有个女儿，刚到束发年纪，来给南三复烫酒，时时站在门外，稍稍露出半侧身子，看上去十五六岁的样子，美丽端庄，无与伦比。南三复一见便动了心。雨停后，他回到家里，日夜思念窦氏女。过了一天，南三复带着粮米布帛前去答谢，借此加深关系。此后，他常去窦家拜访，不时带着酒菜，在窦家流连。窦氏女与南三复渐渐熟悉，也就不太回避，常在他面前走来走去。南三复看她，她就低头微笑。南三复愈发迷恋窦氏女，隔不了三天必往窦家一趟。一日，正巧窦廷章不在家，南三复坐了许久，窦氏女出来照应客人，南三复抓住窦氏女的胳臂，想要亲近。窦氏女又羞又急，严词拒绝说："我家虽穷，也要依礼才能嫁人的，你怎能仗着门第高贵就欺负人！"当时南三复的妻子已死，便拱手作揖说："如能得你爱怜，我一定不娶他人。"窦氏女要南三复起誓，南三复用手指天，表示永不相负，窦氏女才允了他。

此后，南三复看窦廷章外出，就来与窦氏女私会。窦氏女催促他说："男女私会不能长久，若你愿意与我结为夫妻，父母定会引以为荣，不会不同意的。你应当速速安排！"南三复满口答应。但转念一想，农家女怎配得上自己？于是含糊其词拖延下来。这时正巧媒人前来为一个大户人家的女儿提亲，南三复开始还犹豫不定，后来听说女方生得漂亮，家中又多资财，便拿定了主意。

此时窦氏女已有身孕，愈发急切地催促成婚，南三复便再也不去窦家了。不久，窦氏女临产，生下一个男孩。窦廷章大怒，责打女儿，女儿如实以告，并说："南三复说要娶我。"窦廷章这才把女儿放开，让人去问南三复，而后者矢口否认。于是窦廷章将婴孩扔掉，更加凶狠地责打女儿。女儿暗中哀求邻家妇女将自己的苦楚告知南三复，南三复依旧置之不理。

一天夜里，窦氏女逃出家门，看见被父亲抛弃的孩子仍然活着，便抱起孩子，去投奔南三复。她敲开门对看门人说："只要得到你家主人一句话，我就可以不死。他不念我俩的感情，难道也不念及他的骨肉吗？"看门人——禀告南三复，南三复告诫看门人不准放窦氏女进来。窦氏女倚在门前伤心哭泣，五更时分才听不到哭声。天亮后一看，窦氏女怀抱婴儿坐在那里，早已僵死。(《窦氏》)

尽管蒲松龄自身婚姻美满，但他对婚姻并未过分推崇。因为他深知，对许多女性而言，婚姻可能是一个毫无欢乐的陷阱。有时他会为这些女性提供逃离婚姻的幻景，就如凄凉的故事《云翠仙》中所呈现的——

梁有才本是山西人，流落到济南府，做小商贩为生，无妻儿田产。他随村里人去登泰山。四月初，泰山的香客熙熙攘攘。还有一些男女居士，率领百十来个善男信女，纷纷跪在佛像下，一炷香烧完才起身，叫作"跪香"。梁有才见众人之中有一女子，年纪十七八岁，容貌俊美，不由心生爱意。他扮作香客在女子近旁跪下，又假装膝盖酸软无力，故意俯身去握女子的脚。

女子回头嗔怒看看他，跪着移动几步躲开。梁有才跪着靠近她，一会儿又去摸。女子发觉后立即起身，不再跪香，出门而去。梁有才也站起来跟出去，但女子已不知去向。他大失所望，快快不乐地往回走。半路上，梁有才见那女子跟着一位老妪，好似母女，便赶忙跟上。母女俩边走边谈，老妪说："你能参礼娘娘，是大好事。你没有弟妹，只求娘娘冥冥加护，保佑你嫁个称心如意的夫婿。能孝顺长辈就行，不必是贵公子富王孙。"

梁有才听了窃喜，慢慢凑上去搭话。老妪自称云氏，女儿名翠仙。她家在四十里外的西山。梁有才说："山路坎坷，老妈妈走路费力，妹妹又是纤纤小脚，何时才能到家？"老妪说："天色已晚，我们先到她舅舅家歇息。"梁有才说："刚才听您说选女婿，不嫌贫穷贱鄙。我尚未婚娶，还合您的心意吗？"

老妪问女儿，女儿不作答。问了几次，女儿才说："他福分薄，又放荡无行，轻薄之心反复无常。我不能嫁浪荡子为妻。"梁有才听了，赶忙诚恳表白，还指天顿地发起了誓。老妪很喜欢，竟然答应了。女儿闷闷不乐，但也不敢发作。母亲则尽力安抚女儿。

梁有才大献殷勤，从口袋里掏出钱，雇来两顶轿子，抬着母女二人赶路，自己则跟在后面，像个仆人。经过险要路段，梁有才就呵斥轿夫不许颠簸摇晃，照顾得很周到。

很快，一行人来到一个村庄，老妪便邀梁有才一同去女儿的舅舅家。舅舅是个老汉，妗子是个老妇，云氏称他们哥哥嫂嫂,说:"有才是我女婿。今天恰逢吉日,不必另选了,今晚就成亲吧。"舅翁也很高兴,拿出酒肴款待梁有才。吃罢,把云翠仙盛装打扮送了出来,清扫床铺催他们睡下。云翠仙说:"我知道你是不义之人,但迫于母命,姑且跟了你。你若以人自居,我们肯定不会为生活发愁。"梁有才唯唯点头。

次日早起,云母对梁有才说:"你先回去,我与女儿随后就到。"梁有才回家打扫门户,云母果然把云翠仙送来了。进屋一看,四壁徒然,就说:"这样如何过日子?我这就回去,稍稍帮衬你们一些。"便走了。第二天,几个男女送来衣服、食物、家什器具,摆了满满一屋,连饭也没有吃就走了,只留下一个丫鬟。

梁有才从此坐享温饱,每日里招引些无赖饮酒、赌博,渐渐开始偷妻子的首饰去赌。云翠仙劝阻,他也不听,最后云翠仙不再与他多费唇舌,只是牢牢守着自己的箱子,像防贼一样。

一日,有赌友登门拜访梁有才,偷偷看到了云翠仙,大吃一惊。他戏弄梁有才说:"你有大富大贵啊,还担心什么贫穷呢?"梁有才问何出此言,赌友说:"先前看到你家夫人,实在美若天仙。偏偏和你家境不相称。把她卖给别人做妾,可得百两银子,卖去妓院可得千两银子。有千两银子,还怕没钱饮酒赌博吗?"梁有才不语,但心以为然。

此后,梁有才经常向妻子长吁短叹,抱怨日子穷得没法过了。云翠仙不理睬,梁有才就捶桌子、扔汤匙筷子,责骂丫鬟,做出种种丑态。一天晚上，云翠仙买酒与丈夫对饮，忽然说："郎君因为家里穷，日日焦心。我不能替你分忧，心中岂不惭愧？只是没有多余的东西，只有这个丫鬟，卖了她可以稍微补贴家用。"

梁有才摇摇头："她才值几个钱！"

又喝了一会儿，云翠仙说："妾对郎君有何不能承担的呢？只是没有力量罢了。想我们一贫如此，就是老死相从，也不过共受百年之苦，有何出头之日？不如把我卖到富贵人家，你我都能得些好处，钱或许比卖丫鬟多些。"

梁有才故作惊愕："何至于此？"云翠仙一再坚持，面色十分凝重。梁有才高兴地说："容我从长计议。"

于是托得宠的宦官，把云翠仙卖给官府做乐妓。宦官在梁有才家见到云翠仙，大悦，唯恐有悔，遂立下字据，支付八百串钱。事情马上就办成了。

云翠仙说："母亲每天因为女婿家穷，常常惦念，现在情意已断，我要先回娘家探望。况且你我缘分已绝，怎么能不告诉母亲？"梁有才担心岳母阻拦此事，云翠仙说："是我自己愿意，定无差错。"

梁有才依了她。到岳母家已将近半夜，敲门进去，只见楼台屋舍华美非常，女婢男仆往来不绝。梁有才平日与云翠仙生活，每每想拜见岳母，云翠仙都加以阻拦，故而当了一年多的女婿，从未登过岳母的门。这时，他大惊，心想云翠仙生在这样的大户人家，恐怕不甘心让女儿去做乐妓。云翠仙领他上楼，云母惊问他们为何而来，云翠仙埋怨说："我就说他是个不义之人，果然如此！"于是从衣服里拿出两锭黄金放在桌上，说："幸好没有被小人偷去，现在归还母亲。"母亲吃惊地询问原委，云翠仙说："他要卖我，藏着金子也没用了。"

随即指着梁有才骂道："豺狼鼠辈！那日在泰山，你挑着担子，灰尘满面，像鬼一样。入洞房时，你浑身臭汗，身上的陈垢都快掉下来了，手脚的皴有一寸厚，让人整夜恶心。自从我嫁进你家，你才吃上饱饭，褪去那层鬼皮。母亲就在面前，我是诬蔑你吗？"

梁有才低着头，大气不敢出。云翠仙又说："我自知无倾城之貌，不够侍奉贵人，但你这样的男子我还配得上。我对你有何亏负，竟让你毫不念夫妻之情？我岂是无力造楼房、买良田？就是看你这副轻薄骨、讨饭相，终究不是白头眷侣！"

说话间，丫鬟仆妇们手挽手将梁有才团团围住。听见小姐数落，便都跟着唾骂，齐声说："不如杀了他，何必废话！"梁有才大惧，趴在地上磕头，一直说知道错了。

云翠仙又怒气冲冲地说："卖妻已是大恶，可还没有坏到极点，你怎么忍心让同衾共枕之人去做娼妓！"话音未落，众人气得怒目圆睁，一齐用簪子、剪刀刺梁有才的胸肋。梁有才哀号求饶。云翠仙制止众人说："暂且放了他。他无情无义，我却不忍心看他发抖的可怜相。"领着众人下楼了。

梁有才坐着听了好一会儿，周围的人声响动都沉寂下来，就想偷偷逃走。仰头只见满天星斗，东方既白，四面荒野，一片苍莽，随即灯光熄了，房屋也消失了，原来自己坐在峭壁上。俯瞰绝谷，深不见底，梁有才吓坏了，生怕掉下去。他刚一挪动身子，只听"轰"的一声，山石崩落。幸好崖壁半腰有棵枯树挡了一下，他才没掉入山谷。枯树只托住肚子，手脚还悬在空中，没有着落。下面茫茫一片，不知有多少丈深。他不敢转身，声嘶力竭地呼救，全身浮肿，眼耳鼻舌身全无一点力气。

日头渐高，才有樵夫发现梁有才。樵夫找来绳子，下去把人拉回崖上，梁有才已经奄奄一息了。樵夫将梁有才抬回家，只见屋门大敞，家中荒败如破庙，床椅家什都不见了，只有破床、破桌是自家旧物，零零散散的还在。梁有才无精打采地躺在床上，饿了，每天就向邻居讨口饭吃。不久，他身上肿胀的地方溃烂成恶疮。乡里人瞧不起他的为人，纷纷唾弃。梁有才没有办法，只好卖了破屋，住在山洞里，沿街乞讨。

他随身带了一把刀。有人劝他用刀换些吃食，他不肯，说："住在野外要防备虎狼，用来自卫的。"

后来，梁有才在路上遇到了先前让他卖妻的人，上前说着伤心话，突然抽出刀来把那人杀了，随即被捕入狱。县官查清他杀人的缘由，也不忍用刑，只把他关在狱中。没多久，梁有才就死了。

但那些不懂法术、没有财力的郯城妇女，又该如何呢？比如嫁给任姓男子的妇人王氏。

二人的订婚年月并不明确，但必然是在17世纪60年代末的某个时期。我们不知二人的名字，甚至连任某如何有钱娶妻亦不明确，因为当时郯城的女性人口远少于男性，原因众多，如杀害女婴或以残羹冷炙喂养女孩，富家男子常常三妻四妾，等等。任某或许无须珠宝重金，即可娶王氏为妻，因为王氏似乎是个孤儿，至少附近举目无亲，且任父是个年逾七旬的鳏夫，王氏可能自幼便到任家作童养媳，帮忙做些家务，及至婚嫁之年，便与任某成亲，这是乡下少女的常例。

关于这对夫妻，我们知道，至1671年初，二人已结为连理，住在郯城西南二十五里归昌集外的一个小村庄。二人生活贫困，任某靠在别人家耕地做佣工维持生计。家中仅有一间小屋，内有一口锅、一盏灯、一床编席和一张草褥。我们还知道，婚后有六个月，王氏都与丈夫及七旬的公公同住，不过老人与儿媳相处颇为不悦，后移居至三里外。此外，我们知道王氏每日大部分时间都独自在家，她缠过足，邻家小女孩称其"婶婶"，但她自己不曾生育；我们知道她家面朝一片小树林，并且知道在1671年的某一日，因某种缘由，她悄然离家。

她同另一个男子私奔了，虽然我们不知道他的姓名，也不知二人将去往何处。从地图上看，他们最初有三个选择：一是向西南行，越境至邳州；二是向东北二十多里至郯城县城，沿驿路南抵红花埠，再入江苏，或北至沂州，进入山东中部；三是向西北二十里至马头镇，西行至长城集，再进入滕县和邹县。但无论选哪条路，除非二人雇得起轿夫或马车，否则以王氏的缠足小脚，必然行动迟缓。

若想躲避追赶，逃往邳州不失为上策，沿途虽多山路，但乡间历年来由土匪与亡命之徒盘踞，他们因地方辖区变更而受益。夏秋时节，水位高涨，二人可乘轻舟至沂河下游，进入邳州，邳州当局自是不会为一对亡命鸳鸯劳动兵马。邳州与郯城一样，接连经历饥荒、蝗灾、战乱、干旱和水患等灾祸。邳州也曾于1668年经历地震，但损失较郯城为轻。不过邳州位于黄河主流沿岸，涝灾始终是潜在的危机，而郯城只有小支流经过，并无此类隐患。地震后一个月，狂风肆虐，河水暴涨，摧毁堤坝，淹没田地，邳州县城多处淹没于水下，唯有一二百户人家幸免于难。而在郯城逐渐复原期间，邳州人口又减少了三分之一。

郯城县城当然可以作为目的地，但其不利之处也很明显。作为县衙所在地和县行政中心，其治安必定严于他处。有些规定在县内其他地方只是一纸空文，在此处皆有施行：城外有人员定期巡逻，附近道径都设有关卡。旅人会被拦下询问，解释进城所为何事，除非有亲人住在城内，否则不准进入。客栈多为黑店：常由奸诈之徒经营，他们以价格低廉的酒食引诱单纯的客人上当受骗，一旦乡人登记投宿，账单数额便节节攀升，外地人、食客的花费都会记在他们账上。客人也无法再投宿别店，因为这些客栈老板雇了打手，会去威胁其他客栈老板。即使店家公正，城内客栈每日必须登记住店之人，无论个人抑或团体，还须注明客人来自何处，去往何地，他们携带出售的货物、骡马车辆，若有兵器也须一并登记在案。骑马持械而无行囊货物的旅人，不得雇用马夫，也禁止在城中过夜。即便是独身一人的行脚客，无论持械与否，凡无行囊，城中又无人作保者，都有可能被驱逐。入夜后，城中不许四处行走，不过盛夏炎暑时节，家中无深房大院的小户人家，可微启房门，于门外坐卧纳凉。但连通小巷与大街的栅门，入夜必阖，并有守卫，除就医或接生之需，一概不许放行，而医者与产婆也须持有"夜行牌"。甲长须得验明来者为本人，问明去处，方可许给牌放行。

当然，对于寻求藏匿之所的情侣二人而言，马头镇似乎是更适宜的去处。尽管地域广阔，却没有太多驻军，也无高官常驻。此地于1641年与1648年曾两度遭贼寇劫掠，但迅速恢复繁荣，这可见于诸多指标。这里的市集以十日为期，逢三、逢八为大集，逢五、逢十为小集，周边市集也依此而定。马头镇是唯一一个水陆兼通的贸易重镇，其贸易规模已达到课税标准。镇内劳动人口众多，商会势力强大，相较其他市镇，其庙宇更多，园林更多，宗教节庆更盛大。马头镇是郯城县唯一有着知名医馆的市镇。

这对私奔的情侣必须寻得一处藏身之所，因为仅就逃离丈夫的行为而言，妇人王氏也已构成法律上的犯罪。只有丈夫虐妻致伤残或迫其与他人淫乱时，妻子才可自由离开。郯城西北的宁阳（亦属兖州府）曾有一案，丈夫所作所为违背婚姻道德，被康熙年间的法学者所引述：丈夫将妻子卖作娼妓，知县强制其将妻子带回后，他又默许妻子与寄宿之处的屋主通奸，最终被判为"失夫纲"。但除却丈夫行径如此不轨外，逃离夫家的女子皆被列为逃犯，应受百杖之刑。凡协助或藏匿该女子者，若无法证明对其逃犯身份毫不知情，则以窝藏逃犯或逃兵妻女之律定罪。

此外，王氏与情夫二人因通奸而涉重罪。《大清律例》规定，凡双方自愿通奸者，杖八十；若奸妇有夫，杖九十；引诱女方离家私会，无论其有夫无夫，杖一百；已通奸的男女，无论是双方自愿还是女方受引诱，杖一百。若因奸生子，则由生父收养。丈夫可自主处置奸妇，或卖或留；但本夫若将妻子卖与奸夫，则本夫奸夫各杖八十，妇人必须离异归宗，成婚时所得聘礼全部没收充公。

但通奸者可能面临更严厉的处罚：依据大清刑律，若丈夫当场捉到妻子与人私通，并一时冲动杀死二人，不构成犯罪。与报杀父杀母之仇类似，本夫杀人也须即时。1646年，有一条附则加在本款后面，想必是为避免家族世仇或为复仇而长期追索，该条附则称，若奸夫淫妇只是调情而尚未通奸，或通奸后向本夫认罪，或"非奸所捕获"，则本夫杀害任何一人，都不受法律保护。因此王氏与情夫离开任家而未被发现，在法律上是较为安全的。

旅途生活固然热闹，却也未见得太平安稳。"阴阳学官"（其公署和郯城其他公署一样，在17世纪40年代烧毁，迄今未得重建）监管之下的人员，包括游走四方的各路人士，诸如算命的、卜卦的、看相的、测字的、变戏法的、招魂的、戏子、丑角与街头卖艺的、说书人、游方僧、道士、女牙医、产婆、叫花头、吹笛艺人、击鼓艺人、吹笙艺人、爆竹匠、茶贩与轿夫等。黄六鸿的报告中常提及驿站的马夫、衙役、信差和胥吏、官办客栈的店员，以及许多摊贩，他们生活贫困且人数众多，草棚搭成的摊位一列列地排在街头。黄六鸿已彻底放弃向这些人员征税。除此之外，还有难民、逃犯和逃兵。尽管有律令禁止，但这些人等仍能找到活计谋生，因为农人视其为廉价劳力，因而不加多问。只要付款，饭馆和客栈老板也可提供食宿。赚钱谋生总比法律条文更重要。

似乎确实存在着一种属于逃亡者的亚文化，这种文化拥有自己的规则和剥削方式。由于保甲制度下有些法律严禁窝藏逃犯，并规定了严格的连带责任，因此这种文化难免会牵连守法的平民百姓。郯城曾有人雇用逃犯，在私人的商贸纠纷中骚扰对手，从这起案件中我们可以对逃犯的世界略窥一二。捕快魏某在县衙状告客栈老板石文玉以每月三百文雇用逃犯在店内工作，试图以此将石文玉送入大狱，但调查显示这是魏某捏造的故事（虽然那名逃犯确有其人），他如此诬告是不想偿付一年前在石文玉店中赊欠的百余斤酒钱，因此胁迫逃犯做出这项不实指控。在此类案件中，是否采信逃犯的证词并不重要，重要的是证明他当时不在现场，但这往往并不容易。在此案中，石文玉幸运地证明了清白，因为知县让逃犯进行指认，逃犯竟无法分辨石文玉与隔壁卖豆腐的邻居。另一些案件中，士兵常以狡诈手段骚扰无辜平民：士兵假扮逃犯，进入靠岸商船或偏僻村庄，其他士兵扮作捕役，紧随其后"追捕"，污蔑当地百姓窝藏逃犯，在抢劫商船或村庄内财物后离开。他们或者会暂时在村中伪充佣工，在某夜共饮时割伤自己，撕碎身上衣物，宣称"遭劫"，向当地村民索取封口费。若引起村民怀疑，就会有友人出面，声称是追查逃犯的长官，要将他们押解回去。有时连船夫也参与敲诈勾当，收费远超每人一文、每驮两文的标准价格，比如在雨雪天或深夜要求额外费用；随行棺椁费用另计；或在渡船至河中时坐地起价。岸上的守关吏卒也会征收私"税"，没收拒付者的货物，或是调戏妇女，向她们索得钱财才肯放行。

若是两人逃亡都如此艰难，那么对不久后遭情人抛弃独自流离的王氏而言，其处境必定如一场噩梦。虽然常人都认为女性值得信赖，但郯城社会并没有给予她们太多工作机会：少数女子可从事接生或卜筮之业，一些在地方上素有声名并受人信任的妇女，则会充当媒婆或女囚的保人。育婴堂、养济院也提供少量职缺，妇女受雇为看护、乳妇、守卫，以及负责洒扫与浣衣的佣工。这类工作，月得三百文及食宿，或得六两银子的固定年薪，大略相当于郯城衙门职位较低的男性的俸银。有财力购买织布机的妇女可织布贩售，但这属于居家活计，而王氏此时无家可归。若恰逢其时其地，或可在大户人家当婢女，亦有少许机会能进入道观或佛寺工作。否则，女性主要的求生舞台必定是在郯城县城、马头镇和红花埠的赌场、茶馆和妓院。根据黄六鸿的说法，甚至在偏僻的乡下村庄也有类似场所，当地士绅就和在城镇中心一样，设立妓院，庇护妇女，并从其收入中抽成。

王氏并未选择上述任何一项，也没有继续独自逃亡。她选择返回归昌老家，但到家门口时，又不敢面对丈夫任某。

王氏居住的村庄附近，有一座道观三官庙，供奉天官、水官、地官：天官赐福，水官赦罪，地官解厄。庙里只有一位道士，他给了王氏一个栖身之所。1671年11月某日，王氏从前的邻人高某来此上香时，偶然在观内厢房瞥见了王氏的身影。

"你看守神庙，怎能容留妇人？"他对道士吼道。

"她是村里任某的娘子，先前闻得她跟人跑了，任某想将她寻回。她不敢回家，躲在这里。我因她是村里人，不好赶她。"道士答道。

谈话间，任某走进观中，听闻王氏已经归来，躲在此处。"你真是个好道士啊，"他怒吼，"将我妻子藏在观中，竟然都不告诉我。"

"你自家妻子，"高某回道，"为何要藏在观中？你不知道，难道还要道士说与你听吗？"

任某愈发愤怒，吼道："噢，那必定是你把她藏在观里的！"高某受此侮辱，打了他两巴掌，任某咒骂几句便离开了，仍留妻子在观中。

两人之间冲突的爆发，可能是由于某些积怨——二人是邻居，高家较富，宅前有一处门楼，高某的妻子曹氏亦不为任某所喜。但无论任某如何出言不逊，高某都不该出手打人，《大清律例》中规定甚严，且对此类斗殴的处置做了细致的分类，非常重视。凡以手足殴人，不成伤者笞二十，成伤者，笞三十；以他物殴人，不成伤者笞三十，成伤者笞四十。"伤"的定义为被殴打的皮肤瘀青、肿胀或流血。拔人头发方寸以上，笞五十。殴人至内损吐血者，杖八十。以秽物污人头面者，杖八十。以秽物灌入人口鼻者，折人一齿及手足一指，或眇人一目，杖一百（若导致永久伤害，没收殴人者半数财产，付给受害者养赡）。

任某如今对高某怨恨颇深，这份怨恨将持续数月，直至脸上的伤痛缓解，但他并未对高某提出状告，恐怕是觉得家丑不可外扬。然而此事使高某与道士二人都陷入窘境，认为让王氏离开庙宇为宜，但仍犹豫是否立刻将其遣回归昌集的任某家中。他们将王氏送至任父住处，并详述情势。任父为二人倒了茶，说："这样淫妇，我也没奈何。"然后便叫人将王氏送回了儿子的住处。

道士称任某一直"四处寻找"王氏，但无论任某多想寻回妻子，无论他出于思念还是报复，都无法合法迎回妻子，因为她已犯下逃亡和通奸罪。法律就此项罪名有诸多复杂规定。有明文规定，丈夫可用"七出"中的任意一条休妻：无子、淫、不顺父母、口多言、盗窃、妒、有恶疾（夫妻双方同意的离异也为合法）。若妻子不愿离异，又符合"有所取无所归""与更三年丧""前贫贱后富贵"的"三不去"之理中任意一项，则丈夫不得休妻。王氏已"无所归"，因此乍看之下，依据法律，尽管不忠，但她似乎仍可以留在任家。但明朝起就有一条附则，特别规定若妇人犯奸，则三不去之理不得适用。《大清律例》的另一条款也规定：若妻子犯下义绝之行，丈夫不休妻则杖八十。因此，从法律层面考虑，任某也可能因迎回妻子而受罚。但事实上，县府并未采取行动，任某也未依循任何法律程序。他没有提起离婚诉讼，没有计划卖掉王氏，也没有行使自己的权利，向村长报告她的劣行，将其耻辱公之于众。相反，他买了一张新的虎丘席，铺在二人的草床上。

1671年岁末到1672年1月，二人又在归昌集外的小屋重新开始生活。他们必定忍受着严寒的煎熬，山东省1月的平均气温在零下几摄氏度，贫民家的房屋又简陋破旧：墙壁由夯土、泥砖和高粱秆砌成；少数几根支柱是未经打磨的树枝，大多细瘦弯曲；屋顶盖以稀疏的稻草及芦苇，着实没有防御风雨之效。燃料主要用来做饭，炉火的热气经由烟道，导入高于地面的砖炕之下，炕上铺一层稻草。任某就是在此处铺上了新买来的草席，迎接王氏归家。

1672年1月底的一个傍晚，二人坐在家中。任某吩咐王氏为他补衣，于是王氏在灯火下缝补丈夫的外衣。屋外飘着雪，邻居见其家中灯火明亮，后来听到二人争吵声不绝，虽然无法分辨其言词，但能听出声音充满怒气。直至灯火熄灭，邻居仍在竖耳倾听。

王氏脱下外袍、裤子和笨重的鞋子，小脚上换了一双软底红布旧睡鞋。她穿着蓝夹衫、白单裤，在草席上躺下，任某则在一旁静候其入睡——

在世间是严寒冬日，此处却温暖如春。冬湖的绿水之上，莲花盛开，清香随风飘往她的方向。有人欲摘取莲花，但舟至之时，花已随波漂离。她见冬日的山上百花齐放，室内光亮耀眼，白石小径通向门外，红色花瓣飘落于白石之上，一枝花伸入窗内。

枝蔓伸至案上，叶片稀疏，而花苞紧密，尚未开放，犹如蝴蝶翅膀，一只沾了水汽的蝴蝶的翅膀，潮湿垂挂，而支撑花苞的根茎细如发丝。

她自觉容颜倾城，面上细纹都消散不见，双手柔嫩如少女，不再因劳作而粗糙。秀眉弯弯，浓密深邃。牙齿洁白分明，微笑轻启，皓齿自然显露，唇角与眼角亦完美非常。

卧榻铺以毛皮，厚如棕榈叶，长而柔软，被褥填以棉絮与香粉，房间弥漫着淡淡幽香。男子英俊而憔悴，面庞泪痕斑斑。她为他搓揉太阳穴，为他拂去衣尘，擦去眼泪。她抚触他身上的伤痕，轻柔地用手指为他按摩。

她为他解开衣带，轻轻将手伸入。她用拳头轻柔按摩，但他痛得无法动弹。他胸口生了一颗瘤，碗口般大小，如树根长出的节瘤。她从手腕上取下一只金手镯，按在瘤上，肉在手镯外隆起，瘤心却从手镯内鼓起，她从衣襟下取出一把利刃，沿着手镯边缘轻轻切开。污血喷溅在床褥和草席上，她从口中吐出一粒红色药丸，压入伤口，伤口随即慢慢愈合。

她感到疲倦，四肢娇弱沉重，双腿伸展弯曲，仿佛没有力气。但众多美丽的女子仍然仰慕她，聚集在她身边，额上绑着红丝带，紫色衣袍上系着绿带。她们背着弓箭和箭袋，刚刚外出狩猎归来。

她穿过一扇扇门，一路来到院子里。树木与房屋的红檐齐高，院内开满鲜花。种子在微风中飘落，松弛的绳索吊着一个秋千。她们扶她爬上秋千，她直立在秋千上，伸出双手握住绳索。她身穿半袖衣裙，双臂光洁白亮。秋千的绳索垂挂在云层之下，她的黑发在脖颈周围飘扬，她伸展着白亮的双臂，如燕子般轻盈地荡向云端。

天空中，一艘多彩的船在云朵的笼罩中向她飘浮而来。人们爬上船。船上只有一名船夫，手持一根短木桨。桨的末端无刃，而是密密麻麻地覆盖着羽毛，如同一把巨大的扇子；船夫挥动羽毛时，微风拂动，船只便穿梭于云间。四周寂静无声，只有轻风的颤动声。她的四周云朵缭绕，如棉絮般，脚下也十分轻软，她感到些许晕眩，仿佛还在船上航行。她抬头仰望，只见星星近在眼前，它们像大小不一的瓶瓶罐罐，整齐排列如莲蓬中的种子。下方是一片无尽的银海，透过云隙，她能看见一座座城市，只有豆子一般大小。

她面前是一排阶梯，台阶闪耀如水晶，她的影像映照在每一级台阶上，宛如镜中倒影。清水流过白沙。有几座带红窗的小亭子，亭中有美人婀娜起舞，有年轻男子身着绣衣，脚踏红鞋。众人吃着玉碗中的果子，用高脚酒盏饮酒。牡丹高达九尺，茶花更高数倍。一个手指晶莹的女子弹奏着她从未见过的乐器，另一女子则用象牙拨子弹着琵琶，咏唱着泣妇之歌。乐音响起，一阵轻风拂过，鸟儿拥进庭院，静静停在树上。

她坐在一棵高树下。树干宽阔光滑，一丝黄色树脂流过树干中央，嫩枝上树叶繁密，投下深邃的树荫。红花在树叶间摇曳，花落时像宝石一般叮当作响。一只鸟在树上歌唱，羽毛金绿交错。这是一只奇特的鸟，尾巴与身体一般长，它的歌声悲怆动人，让她想起了家乡。

她穿着芳香的花盆鞋，踏着晨露，快步离开，鞋袜被露水沁湿了，闪闪发亮。树木生得浓密，但她可以透过树丛看见那座高塔，墙壁是铜质的，高大的铁柱支撑着闪烁的屋顶。墙上没有门窗，只有深深的凹陷，紧密地排列着，她踩着这些凹处攀缘而上。在塔内，她心神安宁，无忧无惧。

他跪在她身旁，颤抖着用双臂拥紧自己。"吃这个吧。"她说着，用赤足将佳肴踩入土中。"到这儿来。"她说着，他则双手捧上夜壶供她使用。"把它们洗干净。"她说着，把沾满泥巴的绣花小鞋递给他。

她将一顶女帽戴在他头上，用她的化妆品在他脸上涂抹，把他的脸画得像一个勇士。她把一个棉蹴鞠踢到空中，他在后面追赶，汗如雨下。球是透明的，里面装满了闪闪发光的东西，他用力将球踢上天，在空中划出一道闪耀的弧线，像彗星在空中呼啸，随后落入水中，只听咕噜一声，光在水中熄灭。她随即发觉根本没有什么高塔，也没有圆墙和闪亮的屋顶，没有森林。只有一枚廉价的指环躺在地上，上面插着几根针，针上顶着化妆盒的盖子，全都丢弃在荆棘丛里。

他衣衫褴褛地站在她面前，流着鼻涕朝她微笑："佳人，爱我吗？"他打了她。人群挤近观看。他搓了一团鼻屎递给她。"吃掉。"他说。她把鼻屎放进嘴里，想要吞下去。他大笑道："佳人爱我。"他大喊着。她想回话，但嘴里满是泥土。她被困住了，被蛇紧紧缠绕，动弹不得，她奋力挣扎，身体在水中翻滚，她能闻到水中的污秽气味，人们挤在河岸边，边看边笑。他们必须救她，她必须呼喊。他们不会救她的。

当任某双手紧紧掐入王氏的脖子时，她连忙起身，但无法挣脱。他的双手紧紧缠绕在她咽喉处，膝盖用力压在她的腹部，使她动弹不得。她双腿奋力踢打，把睡垫踢得稀烂，她大便失禁，双脚将睡垫下的稻草都搅乱了，但他一直未松手。王氏死时，邻里无一听到异响。

郯城依然飘雪纷纷。任某扶起妻子的尸身，用她的蓝夹衫裹住她的肩膀。他打开家门，背着她穿过树林，朝邻居高家走去。他的企图如下：王氏死后，他携尸身至高家门前，称其与高某素来有私情，为高某所杀。此番说辞似乎合情合理：王氏曾与人私奔，而高某又为人狠戾。二人可趁任某外出务农时，每日里在一起卿卿我我。

但任某终究没能带王氏走到高家。当他行至幽暗林中，犬吠声起，躲在高家门楼下休息的更夫鸣锣示警，高家点亮了一盏灯火。任某将尸身弃于雪中静候。无人前来探查。灯火熄灭，四周再度归于寂静。他将王氏留在原地，独自返回空宅，锁门入睡。

王氏的尸身整夜横卧雪地中。及至被寻获时，样貌仿若生者：严寒竟令其脸颊上保有些许鲜活的血色。

终曲：审判

审判进行了四天。

第一日清早，任某与父亲步行来至郯城的县衙，正式状告邻居高某与王氏私通，更指其谋杀王氏。此类诉状须以书面形式投递，官代书能协助不识字的平民誊抄状纸，唯需收取费用。为避免诉讼初期的行贿或曲解，官代书都须考取执照，籍定入册，且有人保举。任某的正式状词如下："于某日晚，我叫妻王氏与我缝小衣。吹灯睡了，只听得门响。起来出去看时，只见我妻子前走，高某持刀在后。高某妻子曹氏，站在她家门首，点着灯等他。我怕他杀，不敢赶去，回来关门睡了。"

衙内书吏先核验这份诉状是否有误，再核实是否为任某本人提出诉讼，未委派他人代理。随后，该诉状经过登记、封存，送至内衙由知县亲自览阅。黄六鸿读过状词后，派捕快前去捉拿高某及其妻子（若是指控罪名较轻，他会发一份临时差票，由任某自己带着差票逮捕高某，唤其出庭应讯）。高某和妻子随后被押解至郯城，收监入狱，即县衙东南角的几栋楼里。

若是高某夫妇在狱中关押一段时日，任某或许就会认为，已足够偿还他两月前在庙中受高某殴打之辱，再无须审判惩处二人。牢狱是个阴冷残酷的世界，没钱买通狱卒的穷人往往丧命其中，富人入狱也难逃巨额花费。黄六鸿带着遗憾记录下自己所知的那些狱中陋习：狱卒殴打囚犯，将枷锁刑具束缚过紧，逼迫囚犯整夜站立，甚至泼湿草席或在囚房倒水，皆是为了索诈钱财。囚犯也会殴打同囚，施以报复，或偷取他人食物、强迫富有的囚犯的亲属送饭来，供众人食用。官员会杀害犯人，将赃物据为己有，或是防备要犯越狱报复。黄六鸿只能建议加强警戒，公正执法，定期为囚犯检查身体，使其运动，男女囚犯严格分离，并效仿保甲制度，制定了一套相互看守的安全制度：将囚犯分成五人一组，五日轮流为"五长"，管辖他人。但在高某夫妇被捕的隔天夜晚，黄六鸿恰巧与一位谢姓旧识共进晚餐，谢某即将离开，到别处接掌下级职位。席间闲聊中，谢某提及归昌百姓对此案议论纷纷，对高某与王氏私通后将其杀害一事十分愤慨，又有所疑心。听闻此言，黄六鸿觉得有必要立即详查此案。

次日正午，审讯开始。原告任氏父子跪于堂东，被告高某和妻子跪于堂西。大门上锁，一名书吏准备好记录供词。任某重复了他的陈述——他当时已经入睡，听到门外有动静，随即见王氏离开家，高某持刀紧随其后。透过树林，他看见高妻曹氏正在等待二人；她倚在门口，手持一盏灯笼。任某害怕跟上去会被杀害，于是返回床上。黎明时分起身，才发现妻子横卧林中，已然身死。他立刻跑到父亲处，详告所见一切，并一同来衙门告状。

知县黄六鸿问："你妻子是打死，是杀死？"

任某答："那时天尚未大明，不曾看见是怎样死的。"

其他乡人被问及此凶杀案时，都声称不知情。

又唤高某问讯，虽然知县作色发怒斥责，并命衙役拿来夹犯人脚踝逼供的大夹棍伺候，但高某依然坚持自己的说辞。他承认两个月前在道观内见到王氏，并在争吵后打了任某一巴掌，但否认与王氏通奸，也否认将其杀害。他称两家虽住得近，但从未有过往来。

高妻曹氏的证词与丈夫所言相互印证，并补充了更多细节，为丈夫提供了有力的不在场证明：是夜深更，她正在灶前蒸制年糕，只听外面锣响，忙出门查看，见是一伙更夫在她家门楼下避寒，烤火抽烟，便关门回屋了。这段时间内，她丈夫一直在睡觉。

黄六鸿对二人的证词之真诚十分满意，反而愈发觉得任某的说辞怪异。他命人当晚将任氏父子收监，并将高某夫妇二人取保释放。审讯结束后，黄六鸿派出几个差役，持一张签朱标，速去查明事发当晚在王氏村中的几名更夫，并令其翌日一早到县衙回话。

第三日，黄六鸿与随从骑马来到归昌集旁边的村落，要求查看任家住房。他见任家贫困至极，只有几件家当，草炕上铺着一床几乎全新的虎丘席，裂开一道长缝，炕旁边有一块干粪饼。黄六鸿不解，门子称乡下贫苦人家以牛粪驴粪为燃料，黄仍疑心，令人烧水，将粪饼置于地上一个坑里。以热水浇于粪饼之上，门子嗅而掩鼻，判定此为人屎而非动物粪便。又讯问王氏邻居，包括一名十岁女童，女童称曾听见任家夫妇争吵。其余人等没有为此案提供任何信息。

王氏的尸体依然躺在林间积雪之处，有人撒了一些土在她身上。黄六鸿命人抬起尸体，细察其衣物细节，及其小脚上的红布旧睡鞋。因男子不宜接触死者，遂唤村中老姬来检视王氏周身是否有伤。老姬简单检视后，报称未见伤痕。黄六鸿命其细查，展开死者僵硬冻结的四肢。再度检视，发现咽喉两侧均有大块瘀伤。老姬剥除死者衣物后，见腹部亦有一大块瘀伤。

与此同时，村中更夫已集结于高家，他们承认因天寒而未巡夜，在高家门楼生火避寒。约夜半三更时，林子里似乎有人徘徊，又听得犬吠，他们唯恐是歹人，于是鸣锣惊之。高妻曹氏闻声而出，询问其故，听他们解释后，便回屋了。他们对王氏之死一无所知，也未见他人。黎明五更时，他们各自散开回家。显然没有人留意到积雪之中的尸体。

返回郯城后，黄六鸿决定采用一种曾行之有效的方法，即借用郯城人对城隍的畏惧之情，迫使惊惧的证人说出真相。他令家童潜匿于城隍殿后寝宫,窃听任氏父子当晚所说的每一句话。家童藏罢,黄六鸿命皂役将任氏父子押解至城隍大殿,以铁索系于左右两根柱上。在二人的注视下,黄六鸿在城隍前举香祝祷:"神昨夜告我任姓妻子致死情由,已悉之矣。但其死时情景,鸿尚未尽明,愿神详以示我。"祷告完,黄六鸿命任氏父子在神前自省,然后将二人单独留于殿中过夜。

第四日,黄六鸿送二人返回牢中,随后询问家童他们的谈话。家童说,虽然任父反复询问儿子王氏是如何死的,但任某从未明确回答,也未提及高某,只一再表示自己该死。

如今黄六鸿已确信高某、曹氏及任父都是清白的,他传唤任某至庭上。由于任某依然拒不认罪,黄六鸿便提出了他对案情的推测:争吵,掐死,膝盖顶住腹部,弃尸雪中,在更夫的灯火下瞥见曹氏,将其构陷入罪的念头随即涌上心头。任某叩头招供,书吏将其供词一一记录,供词中他承认黄六鸿的推测正确无误。

根据大清律法,任氏父子因诬人以死罪,理应处死。但黄六鸿认为有很大的转圜余地。其一,任父对案情一无所知;其二,他已年逾七旬,任某是其独子;其三,任某本身无子,若被处决,任家香火必然断绝;其四,王氏不守妇道,背叛丈夫,死有应得;其五,任某在庙中确实遭高某挑衅,而高某打他本就有错。

因此,任父被判无罪,任某则被判以重杖责打及枷刑。黄六鸿深知这种杖责可能致死,因为他曾两次在公堂上杖责囚犯,一人受杖责三十,一月后身亡,另一人则于十日后身亡。此外,枷刑更是重辱,黄六鸿以此刑公开羞辱犯人。若任某能渡杖责之苦,忍枷刑之辱,则往后可遵行孝道,照顾年迈父亲。进一步推想,既然提及家族香火的延续,以及任某身为独子,似乎表示任某若能寻得新妻,或将续弦。

王氏已死,但她身后之事或许比生前的问题更难解。生前,除了以言行伤害公公与丈夫或与其私奔的男人外,王氏大概并无力量伤害他人。但在她死后,其怨念充满了力量与危险:身为饿鬼,她可在村中游荡数代之久,难以安抚,也无法驱除。三十年前,年轻的寡妇田氏曾威胁,若不能如愿独自过活便自杀,变成厉鬼追索徐家,结果她如愿以偿。如今田氏仍安然无恙,足以说明郯城人极为重视此类言论。黄六鸿认为,应用一副好棺木将王氏安葬在她家附近,"以慰幽魂"。为此,他拨出十两银子。这是一笔相当可观的金额,因为以往类似情况下,他不过拨出三两以安抚亡灵。但黄六鸿本人并不愿出钱,而任家虽有心,却无力担负丧葬费用,因此他令邻居高某支付墓地及丧礼费用,这样既安葬了王氏,又能警示高某不应在暴怒时动手打人。

注释

《郯城县志》，主编及作者为冯可参，十卷，编者作序日期为1673年。后由不同编者编纂的版本分别于1763年及1810年付梓，引作《重修郯城县志》(1763) 和《续修郯城县志》(1810)。

《福惠全书》，黄六鸿著，作者作序日期为1694年。新版由山根幸夫编纂（后一版本由小畑行兰编辑），京都，1974年。

《聊斋志异》，蒲松龄著，作者作序日期为1679年。我使用的是张友鹤根据蒲氏原稿辑校的《聊斋志异》会校会注会评本（三会本），三册，中华书局上海编辑所，1962年。

序

对前现代中国乡村最广泛的（英语）研究是萧公权的《中国乡村：论十九世纪的帝国控制》(*Rural China: Imperial Control in the Nineteenth Century*) 与何炳棣的《明清人口论》(*Studies on the Population of China, 1368-1953*)。马若孟（Ramon Myers）的《中国农民经济：河北和山东的农民发展，1890—1949》(*The Chinese Peasant Economy: Agricultural Development in Hopei and Shantung, 1890-1949*) 是对中华人民共和国成立前过渡时期的一部有价值的研究著作。

优秀的中国地方研究包括：韩书瑞（Susan Naquin）《千年末世之乱：1813年八卦教起义》(*Millenarian Rebellion: The Eight Trigrams Uprising of 1813*)；詹姆斯·科尔（James Cole）《绍兴：清代社会历史研究》("Shaohsing: Studies in Ch'ing Social History"，斯坦福大学博士论文，1975）；魏斐德（Frederic Wakeman）与卡洛琳·格兰特（Carolyn Grant）编著的《帝制中国晚期的冲突与控制》(*Conflict and Control in Late Imperial China*，伯克

利：加州大学出版社，1975）中魏斐德、邓尔麟（Jerry Dennerline）和詹姆斯·波拉恰克（James Polachek）的文章；欧中坦（Jonathan Ocko）《丁日昌与江苏改革，1864—1870：修辞与现实》（"Ting Jih-ch'ang and Restoration Kiangsu, 1864-1870: Rhetoric and Reality"，耶鲁大学学博士论文，1975）；希拉里·贝蒂（Hilary Beattie）的《中国的土地与世系：明清时期安徽桐城县研究》（"Land and Lineage in China: A Study of T'ung-ch'eng County, Anhwei, in the Ming and Ch'ing Dynasties"，剑桥大学博士论文，1973）。

虽然在此罗列西方中世纪的地方研究著作可能意义不大，但我想到一些研究（在主题范围上与本书相似，但内容更为详尽）：芭芭拉·哈纳华特（Barbara Hanawalt）《14、15世纪早期英格兰的暴力死亡》（"Violent Death in Fourteenth and Early Fifteenth-Century of England"），载于《社会与历史比较研究》（Comparative Studies in Society and History）18卷3期（1976），297—320页；以及皮埃尔·肖努（Pierre Chaunu）《16、17、18世纪巴黎的死亡》（Mourir a Paris, XVIe, XVIIe, XVIIIe siecles），载于《年鉴》（Annales）31卷1期（1976），29—31页。

黄六鸿的回忆录及官箴名为"福惠全书"，意为一部关于幸福与恩惠的全集。书中包含一篇写于1694年的作者序。黄六鸿提及了另一部地方官箴，称其为写作模板，令他受益匪浅，便是潘杓灿于17世纪70年代中期所著、于1684年出版的《未信编》。（见《福惠全书·凡例》，叶5；以及山根幸夫为《福惠全书》所写的序文，叶3）。黄六鸿在《福惠全书》叶229d告诉我们，他也十分钦佩李渔的经世文选《资治新书》（1663年初版，1667年增订版）。更多重要知县官箴书目见约翰·瓦特（John Watt）《帝制中国晚期的知县》（The District Magistrate in Late Imperial China），纽约：哥伦比亚大学出版社，1972年，267—268页，注56。

蒲松龄作品更详细的参考文献，列于第一章《观察者》的注释。除了各种地方志的简短片段外，我读到的唯一特别称许郯城的段落出自禚梦庵的《郯城沂南诗社》，出版于1977年初。在该文中，禚梦庵回忆了清末马头镇的一些著名诗社，并且对郯城附近的沂河风光有着美好的记忆。作者现居中国台湾省，文章中流露出他对中国大陆故土的思乡之情。

第一章　观察者

* 中括号中数字为本书页码

【9】郯城大地震：《郯城县志》卷九，叶12—13。

【10】"入井而投之石"：《郯城县志》卷三，叶7。

【10】自然的循环：《郯城县志》序，以及卷五叶12b—13和卷九叶15所引1585年刊本中的"论"。冯可参的生平：《邵武府志》卷二十，叶22。他的科名：同前书卷七，叶2—3，由序文可知，他在郯城任知县期间，

也担任邵武方志的编修。他受邀编撰《郯城县志》一事，见他自己的序言。后文提及中举的杜、徐二人，在冯任郯城知县时已相继过世。

【11】郯城的统计数据：更多细节见《郯城县志》卷三，叶 6b；关于人口，见卷三，叶 34；关于土地（用清代单位除以一百乘以六），见卷三，叶 7b—8b；关于社（即三十二加十三里，共四十五里），见卷九，叶 17。山东省其他地区的比较数据，见藤田敬一《清初山东におけう赋役制について》，128—131 页。

【11-12】白莲教：《郯城县志》卷九叶 8 提及了该乱事对地方的即时影响。叛军头领及其许诺，详见《邹县志》卷三，叶 81—83，也指出地方领袖的发祥地。《聊斋志异》34 页也有大量评论。陈学霖《白莲—弥勒教义》226 页注释 1 对白莲教的资料有完善的梳理。朱永德《白莲教》115—123 页对山东的动乱有更为详尽的描述。

【12】蝗虫：《郯城县志》卷九，叶 9。

【12】1641 年劫掠：由来自山东西北部的流寇史二和姚三率领，《郯城县志》卷九，叶 9b—10。《费县志》卷五，叶 7b。《邹县志》卷三，叶 84b。

【12】王英：《重修郯城县志》(1763) 卷八叶 18b，卷九叶 9b。

【12-13】郯城保卫战：二百九十二位守卫名录，《续修郯城县志》(1810) 叶 127—129；与买得头衔者对照，《郯城县志》卷八叶 10—11；完整名录：《续修郯城县志》(1810) 叶 127—156，有十九个名字无法辨认；关于石碑的发现：同前书 369—370。

【13】四月贼寇侵袭：《续修郯城县志》(1810)，叶 349；《郯城县志》卷九，叶 9b—10。《聊斋志异》叶 220 提及红花埠妓院。

【14】清军攻城：《郯城县志》卷九，叶 10。壬午年主要对应公元 1642 年，但壬午年十二月对应 1643 年 1 月。我们可以将《续修郯城县志》中的守卫名录与《郯城县志》卷七《列女传》中死亡的男性对照，判断哪些人在 1641 年幸免于难，却在 1643 年遇害。

【14-15】阿巴泰攻城：《实录》，太宗朝，1046—1047、1072、1075—1076 页。（后来大清的摄政王鳌拜就是其中一员。）阿巴泰在山东的行军路线可见谈迁《国榷》，5948、5954、5944、5946（他在本页指出，1643 年 2 月 18 日即郯城遭劫掠的日期）、5971 页。这次攻城的影响，连远在东边的海州都能感受到，这一点可从《海州直隶州志》叶 68—69、428—429 的年表及传记中得到证实。阿巴泰的简要生平，见恒慕义（Arthur Hummel）主编《清代名人传略》(*Eminent Chinese of the Ch'ing Period*)，3—4 页。他是努尔哈赤的第七子。在阿巴泰的详尽传记中，描述了这场劫掠以及其他由阿巴泰率领的大规模行动，见《八旗通志》卷一三二，叶 1—16。就在清军大举

入侵的一年后，李自成的先锋军队轻而易举地从山东百姓身上榨取了五十万两白银，并在被清军主力击败前，开始进行分级征税（如从六部尚书征收十万两，下级官员一万两，拥有下级科名者一百两）。显然，清军只汲取巨额的私人财富，而这些财富通常是隐而不见的。见李文治《晚明民变》，143 页。

【15】1644 年：《续修郯城县志》（1810），叶 156；《郯城县志》卷九，叶 10b。

【15】沂河泛滥：《郯城县志》卷九，叶 11。

【16】土匪的受害者：姚氏女，《郯城县志》卷七，叶 27；孙氏妇，卷七，叶 25b—26；杜之栋，卷九，叶 11，卷七，叶 6b（举人名录，卷八，叶 4b—5）。关于辨认死者，见《续修郯城县志》（1810）叶 157—158。土匪帮派可见《菏泽县乡土志》，叶 28—29；《峄县志》卷一，叶 27；《邹县志》卷三，叶 86。

【16-17】地方士绅及百姓对黄六鸿的回答：《福惠全书》叶 63c。

【17】郯城境况更为严峻：《福惠全书》叶 74c。

【17】谷仓："义仓"，《郯城县志》卷五，叶 12；当地富人拒绝借贷谷粮：前书卷五，叶 15。

【17】学校："社学"与"义学"，《郯城县志》卷五，叶 7；地方富豪拒绝重建学校：《福惠全书》叶 295b；关于理想的学校系统、授课程序及相关制度的描述：同前书，叶 296a，b。中村治兵卫刊于《史渊》的两篇文章（1955 年第 2 期及 1956 年第 12 期）对清代山东的学田制度有详细研究。

【17】废墟：城墙，《郯城县志》卷二，叶 1b—2；医馆，卷二，叶 3；桥梁，卷二，叶 8；寺庙，卷四，叶 6b。

【18】黄六鸿生平：《重修郯城县志》（1763）卷七，叶 26—27；王植《郯城尹黄思湖传》（王植 1747—1749 年任郯城知县）；陈万鼐《洪昇研究》，125—127 页（陈在书中认为，黄身为工科给事中，有义务向朝廷揭发洪昇）；《东光县志》卷五，叶 9。黄六鸿最后的官职为给事中，见布鲁纳特与哈盖尔斯特洛姆（Brunnert and Hagelstrom）《中国清末政治组织》（*Present Day Political Organization of China*），编号 210B。

【18】朝廷的回应：《实录》，康熙朝，285 页，下令提交地震报告；401 页，特许第一次地震减免；459 页，最后减免沂州震区二十二万七千两赋税。减少徭役员额：《郯城县志》卷三，叶 1b，卷三，叶 7b—8；《重修郯城县志》（1763）卷五，叶 18b。

【18-19】论郯城：《福惠全书》叶 172c。

【19】布告：《福惠全书》叶 172d。

【19】怪力乱神之说:《郯城县志》卷三,叶 36b;由吾生平:见《邵武府志》卷二十,叶 22。

【19-20】由吾:《郯城县志》卷一,叶 11,卷四,叶 8;曾子:同前书卷一,叶 8、叶 12b—13。

【20】科考试题:1669 年山东科考试题,见法式善《清秘述闻》,61 页。每个试题句子的完整上下文,可见理雅各(Legge)《中国经典》(*Chinese Classics*):第一题,《论语》卷六《雍也篇》第十七、十八章,190—191 页;第二题,《中庸》卷三十二第一、二章,430 页;第三题,《孟子》卷二《公孙丑》,195 页。

【20】举人落榜,《重修郯城县志》(1763)卷八,叶 5。

【20】《上谕十六条》:《实录》,康熙朝,485—486 页,关于上谕的传布,491 页。

【21-22】郯城的孔子崇祀:理雅各《中国经典》卷五,《左传》,665—668 页。关于这段佚闻的讨论,见《郯城县志》卷十,叶 15、16,《重修郯城县志》(1763)卷十一,叶 1。一位诘义者曾对此事有疑,指出孔子或曾在鲁国与郯子交谈,不过文作者提出了反对意见,见《续修郯城县志》(1810)叶 358—359。这段佚闻的场景插图,见禄是道(Henri Doré)《中国民间崇拜》(*Recherches*)卷八,18—19 页。

【22】孔子圣迹:《郯城县志》卷一,叶 7,卷二,叶 7,卷四,叶 6。

【22】废弃寺庙:《福惠全书》叶 247d。

【22】道德沦丧:《福惠全书》叶 360c、d。

【22-23】地震:《聊斋志异》170—171 页;也见翟理思(Herbert Giles)译《聊斋志异》(*Strange Stories*),416 页。淄川的地震轻许多,共有五百五十七座建筑物毁坏,四人遇难,见《淄川县志》卷三,叶 56。

【23】《聊斋志异》中的故事:关于沂州,《聊斋志异》1622 页;《仇大娘》,《聊斋志异》1391—1397 页,详述了被满人俘虏的男人和竭力保住土地的女人。其他一些寡妇的艰辛故事,见《聊斋志异》,191、324、661、699、927、1019、1210、1284 页。这些故事可与《淄川县志》,卷三,叶 55 对饥荒的记载相对照,参见卷三叶 60 对满人的描述。

【23-24】刘某的故事:《聊斋志异》881 页,《刘姓》;狄瓜拉(Ludovico Di Giura)译《聊斋志异》(*I Racconti Fantastici di Liao*),1601—1602 页。

【24-25】淄川被围困:《淄川县志》,卷三叶 60b—61,卷六(下)叶 22b—32,"丁亥年"项下列传。亦见《博山县志》叶 125;张春树、张骆雪伦《蒲松龄聊斋志异的世界》,416 页,注 66。

【25】军官与盗贼:《聊斋志异》1527 页,《张氏妇》故事开头。

【25】蒲松龄与叛乱:"于七之乱"的细节,参见《莱阳县志》卷三十四,叶5b—6,及谢国桢《清初农民起义资料辑录》,113—116页。关于大屠杀及济南棺木,见《聊斋志异》477、482页;尸体成山,70页;山中洞穴避难,921页;阶级界线模糊,920、991页;士绅领导贼寇,240页;士大夫迎娶贼寇之女,971页;"不义之人",1267页;贼寇或娼妓,1426页;山东匪帮,902—904页。

【25】滕县与峄县的匪帮营寨:《费县志》卷五,叶7b;《邹县志》卷三,叶86。山东地区的地势及19世纪发生的主要叛乱,可见张曜《山东军兴纪略》卷一九(邹县),卷二十(蒲松龄家乡淄川一带)。该著作是横山英《咸丰朝山东的抗粮风潮与民团》一文的主要参考文献。

【26】狐仙盗户:《聊斋志异》1086页,《盗户》;翟理思,373页;狄瓜拉,1386页。

【26】神婆:《聊斋志异》267—268页,《口技》;狄瓜拉,1391—1393页。口技的拟声词很难被译为英文。

【27】狐仙梁氏:《聊斋志异》691—692页,《上仙》;狄瓜拉,1681—1683页。关于当下的萨满习俗,见杰克·波特(Jack M. Potter)《广东萨满信仰》("Cantonese Shamanism"),收录于武雅士(Arthur Wolf)主编《宗教与仪式》(*Religion and Ritual*),207—231页,尤其是215—217页关于"神龛"的讨论。

【27】蒲松龄的人生:基本资料见恒慕义主编《清代名人传略》628—630页,以及普实克(Prusek)《中国历史与文学》(*Chinese History and Literature*)。最详尽的年谱是路大荒的《蒲柳泉先生年谱》。刘阶平的《聊斋编年先生年谱》根据蒲松龄的诗作重构了蒲公的生平,内有翔实的注解。蒲松龄的故居、庭院及墓地的近照,印在《蒲松龄集》的前页。有许多中文文献论及蒲松龄的艺术和政治立场,其中大部分在张春树、张骆雪伦的《蒲松龄聊斋志异的世界》都有概述。其他一些有价值的研究著作包括:何满子《蒲松龄与聊斋志异》讨论了蒲松龄的阶级立场,并把这些故事和蒲松龄日后创作的七折戏曲作品做对照比较;章沛《聊斋志异个别作品中的民族思想》讨论蒲松龄作品中的反满要素(对何满子观点的部分回应);张友鹤《三会本》1727—1728页讨论了《聊斋志异》原稿与乾隆刊本的差异;杨柳在《聊斋志异研究》中研究了不同故事的出处;杨仁恺、张景樵对近来发现的《聊斋志异》原稿进行了分析。罗致德(Otto Ladstätter)的《蒲松龄》("P'u Sung-ling and seine Wreke in Umgangssprache")也有针对蒲松龄的立场及语言的有用讨论。《蒲松龄研究资料》收录了十九篇新近研究蒲松龄的文章。

【27-28】蒲妻:改写自普实克(Jaroslav Prušek)译《有关蒲松龄生平的两份资料》("Two Documents Relating to the Life of P'u Sung-ling"),收录于普实克《中国历史与文学》(*Chinese history and literature*),84—

91页。原文见《蒲松龄集》，252—253页。

【28】蒲松龄孤苦的夜晚：《聊斋志异·聊斋自志》，3页，对这段晦涩艰深的文字有许多评论。吴德明（Yves Hervouet）在《故事集》（Contes）中有部分翻译，10—11页。翟理思的《聊斋志异》英译本，对这段文字有详尽注解，15页。近来有一篇完整的译文，见张春树、张骆雪伦《蒲松龄聊斋志异的世界》，418页。"幽冥之录"是指南朝宋刘义庆的著作《幽明录》。随后几年，蒲松龄又在《聊斋志异》中添加了一些故事，但该文集大体上已于1679年完成。关于蒲松龄这些年的困苦生活，见普实克《中国历史与文学》92—108页，《蒲松龄的聊斋志异》（"Liao-chai chi-i by P'u Sung-ling"）一文。

【29-31】儿时所见的戏法：《聊斋志异》32页；狄瓜拉，1387页。有些版本在故事开头加了一个"试"字，但府试通常不在春季举行，而且在这个故事中，蒲松龄似乎比应试年龄小。

【32-33】梦：《聊斋志异》739页；狄瓜拉，1878页。这篇故事是蒲松龄后来加入文集的，创作日期为1683年。蒲松龄用极其优美、充满隐喻的文字重述了他为绛妃所写的檄文，我的引用就截止于此。

【33】一名书生与两名女子：《聊斋志异》220—231页。地点，见220页；出示抄本的场景，见231页。

第二章　土地

【35】大雪：《郯城县志》卷九，叶15。黄六鸿的马：《福惠全书》叶68a描写了康熙九年十二月廿五日的情况。迎瑞雪：杨懋春《一个中国村庄：山东台头》，17—18页。沂州降水量：卜凯（John Lossing Buck）《统计数据》（Statistics），1页表3；温度，7页表5。

【35-36】郯城县：《郯城县志》卷一及卷二；1673年的地图印刷质量都很差，而且仅列出了几个地点；之后的郯城县志未收录地图。不过我们可以从《郯城县志》卷三叶1—2b列的坐标中找出一些地点。1724年，郯城由兖州府划归沂州：《会典事例》，叶5443。

【36】作物：1673年郯城种植的主要作物列于《郯城县志》卷三，叶33—34。这些资料可参照卜凯《统计数据》中关于冬小麦/高粱产区的内容，261页介绍了主要作物的生长周期。卜凯《地图》（Atlas）3—7页显示郯城（112号）归在临近的峄县（118号）之下。

【36-37】农耕周期：杨懋春《一个中国村庄：山东台头》16—23页，不包括日后从西方引进的作物花生和红薯。卜凯《统计数据》，有关山东种植冬小麦的村庄的讨论；其他有关山东降雨和气温的数据，见马克·贝尔（Mark Bell）《中国：一份数据报告》（China: being a *military report*）45—47 页，及卜凯《统计数据》。

【37-38】税捐时间表：《福惠全书》叶 89c、d。

【38】县下区划：《郯城县志》卷三，叶 2b，对里甲制度有简要概述。我将"乡"译作"districts"，将"里"与"社"译作"townships"。"社长"译作"townshiphead"。每乡有一位乡长（公正）。《福惠全书》叶 84c、d 对户头结构有详细说明。尽管日后山东其他地区有详细的资料存留，但冯可参与黄六鸿的书中没有足够信息供我们重构当地税捐系统的全部细节。山东其他地区的税捐系统，尤其参见下列作者从资料与访谈中整合的信息：景甦、罗仑《清代山东经营地主经济研究》，马若孟《山东省的商业化和农业发展》（"Commercialization, Agricultural Development in Shantung Province"），以及鲍德威（David Buck）《民国山东的省级精英》（"The Provincial Elite in Shantung during the Republican Period"）。

【38-39】税吏：关于明朝将税吏一职视为荣耀，见黄仁宇（Ray Huang）《十六世纪明代中国之财政与税收》（*Taxation*），36—37 页。郁纯和一些郁姓人士都以社长之衔列名于《续修郯城县志》（1810）叶 144。其生平见《重修郯城县志》（1763）卷九，叶 9b。《福惠全书》叶 75d—76a 认为二胡都是新汪社的社长，这种两人共担一职的体制在《沂州志》卷一叶 17 也有提及。保甲长遇到类似问题而弃职潜逃的例子，在萧公权《中国乡村》80—81 页有所描述。

【39】人口数据："丁"的数目可见《郯城县志》卷三，叶 2b、叶 7。其中记载的八千七百名地震遇难者中，有一千五百五十二人为"丁"；根据相同的比例，1670 年登记在册的"丁"有九千四百九十八人，再加上被豁免徭役的家庭，相应的总数应为五万五千至六万五千人。总人口数目仅为近似值；做这类评估可能遇到的问题，见何炳棣《明初以降人口及其相关问题（1368—1953）》第二章；山东地区的其他类似评估，见藤田敬一《清初山东における赋役制について》，136—137 页。

【39】保甲制度：《郯城县志》卷三，叶 1—2；《福惠全书》叶 244—245。萧公权《中国乡村》，第三章。在《中国乡村》265—266 页，萧公权引用了黄六鸿本人的一些观点。市集：见《郯城县志》卷三，叶 34b。黄六鸿书中所用的术语表明，在郯城乡下，"户长"负责管理其自有土地和家庭，"甲长"负责管理十户人家，"保正"负责管理十名甲长或一百户人家，"保长"则负责管理四乡之一。

【39-40】户籍登记：《福惠全书》叶 249。举人并不被视为乡绅。

【40】保甲兵：《福惠全书》叶 250c，但他记录的每庄五十户、每乡一百庄的数目，仅适用于比郯城大的县。

【40】拖欠赋税：《福惠全书》叶 89c。

【40-41】预算：税收，《郯城县志》卷三，页 3b—11b；官员薪俸，卷三，叶 16—17b；官军驻防，卷三，叶 25；河道工事，卷三，叶 29。各种费用摘要列于《重修郯城县志》(1763) 卷五，叶 19—22。丁赋 (56.6%) 与地赋 (43.4%) 的比例，见黄仁宇《十六世纪明代中国之财政与税收》，130 页。

【41】干道：《郯城县志》卷二，叶 7—8。

【41】驿站：关于开支，见《郯城县志》卷三，叶 18—19，其他讨论见卷三，叶 23—24。黄六鸿在 1672 年对此制度加以改革：同前书。改革相关报告，见《福惠全书》叶 71、72。

【42】徭役：《福惠全书》叶 92c；柳条：页 354a。郯城到京城的距离：《重修郯城县志》(1763) 卷二，叶 27b。

【42】河上服役：见《郯城县志》卷三，叶 29；并见《福惠全书》叶 74d—75a。

【42】役额减免：《重修郯城县志》(1763) 卷五，叶 18b；《郯城县志》卷三，叶 1b、叶 7b—8b。

【43】"税亩"：相关讨论见黄仁宇《十六世纪明代中国之财政与税收》，40—42 页；何炳棣《明初以降人口及其相关问题 (1368—1953)》，102—123 页；王业键《清代田赋刍论》(*Land Taxation in Imperial China, 1750–1911*)，32—33 页。《郯城县志》卷三，叶 19，从万历朝的方志中引用了关于最次等土地的观点。

【43-44】"沙压"案例：《福惠全书》叶 68。黄六鸿似乎是在描述圩田，或许是这些土地被冲击沙石所覆盖。

【44】欺诈：官银匠，《福惠全书》叶 87b；带走粮食，叶 99a；"城市如地狱"，叶 83b。

【44】大银柜：《福惠全书》叶 80a、80c。在叶 81c 中，黄六鸿建议每四里设一个银柜。

【44-45】其他税课：贡品，见《郯城县志》卷三叶 20b，以及《郯城县赋役全书》。其他税课在黄六鸿书中有所论及：商贩，叶 102；官牙，叶 101b；当铺，叶 101a (1674 年，这些税课增加了一倍，以抵平定三藩之乱的开支)；烟草与酒，叶 101c；火耗，叶 87。

【45】促织：《聊斋志异》484 页，狄瓜拉，689 页；翟理思，275—276 页。

【46】城市商人：收到的税捐，《福惠全书》叶 73c、d，叶 74a、b 讨论了商人，以及关于马头镇的解释，为下文页【105】的数据提供了出处。

【46】市集乡约：《福惠全书》叶 74a、70a。

【46】官兵：《福惠全书》叶 70a、77b。

【46】契约：《福惠全书》叶 146d。

【46-47】地主的欺骗手段：《福惠全书》叶 106d—107b；《郯城县志》卷三，叶 15。

【47】包揽制度：《福惠全书》叶 107c—d 将士绅阶级分为乡绅与青衿两个群体；《郯城县志》卷三叶 15b 有冯可参列出的几种欺骗手段；萧公权《中国乡村》，132—139 页。我将"包揽制度"翻译为"proxy remittance"（似乎是各类译法中最佳的一种），该译法出自邓尔麟的一篇文章，收录于魏斐德与格兰特《帝制中国晚期的冲突与控制》。关于清初士绅阶级的逃税方式，以及土地未登记入册的问题，西村元照《清初の土地丈量について》一文有详尽的研究。横山英《咸丰期山东的抗粮风潮与民团》一文分析了晚清时期山东爆发的激烈抗争。

【48】城隍：《郯城县志》卷四，叶 4。这位神祇的活动，以及人们对其的信仰，见夏洛克（John Shryock）《安庆的庙宇》（*Temples of Anking*），98—115 页；城隍在地方阶序中的位置，见武雅士（Arthur Wolf）《神、鬼与祖先》（"Gods, Ghosts, and Ancestors"）一文，收录于武雅士《宗教与仪式》（*Religions and Ritual*），139 页。

【48】蝗灾告城隍文：《福惠全书》叶 281a—c；根据后面的悼文，可证明该文的写作日期为 1671 年。在《聊斋志异》491 页，蒲松龄写了一篇向沂州地区城隍祈愿成功的故事。

【49-54】《小二》：《聊斋志异》378—382 页。这个故事也收录于吴德明优秀的法语译本《故事集》，68—74 页；狄瓜拉，590—596 页。

【54】琉璃厂：蒲松龄可能是从 17 世纪淄川邻县博山县兴盛的玻璃制品得到了创作灵感。从蒲松龄的各种传记中，我们知道他多次途经博山。琉璃厂的详细描述，见《博山县志》，页 572—576。方志资料源自孙廷铨《颜山杂记》，初刊于 1665 年。《山东地方史讲授提纲》（35—36 页）和景甦、罗仑《清代山东经营地主经济研究》（24—29 页）对上述琉璃制造业和 17 世纪山东的其他工业都有所讨论。

【54】士绅的"颜面"：《福惠全书》叶 80b。

【55】新汪：《福惠全书》叶 75c；地理位置，见《郯城县志》卷三，叶 1—2。

【55】纳户士气：《福惠全书》叶 92c。

【55】两大家族：《郯城县志》卷八，叶 2、叶 9b—12 根据里社籍册中购买科名或拥有较高科名的姓氏比例，得出了该结论。高册社有五个张氏与六个刘氏。

【55】刘胡案：见《福惠全书》75d—76c；黄六鸿将此案汇报印了两份，呈

递给知府。

第三章　寡妇

【57】妇人彭氏：本案的细节，载于黄六鸿1670年呈递给上级的两份报告中，见《福惠全书》叶143c—144c，144c—145c。

【57-58】模范寡妇：彭氏，《郯城县志》卷七，叶22；李氏，卷七，叶22b（其子杜之栋与其他举人列名于卷八，叶4b—5；杜的生平见卷七，叶6）；杜氏，卷七，叶24；刘氏，卷七，叶25；田氏，卷七，叶30；范氏，卷七，叶29b—30。

【58】老寡妇的故事：《聊斋志异》，1221页，《绩女》；狄瓜拉，1212—1213页。

【59】蒲松龄的讥讽：例如《聊斋志异》682页，《宗生》的故事。这个故事的部分翻译见下文第五章，页【93—94】。

【59】编撰史料：冯可参序，《郯城县志》叶3b—4。编者杜、梁、张、徐私人与以下妇人的关系：陈氏，《郯城县志》卷七，叶22b；刘氏，卷七，叶25；杨氏，卷七叶23b；田氏与杜氏，卷七，叶24b。

【59】寡妇与情人：《聊斋志异》699—703页，《金生色》。

【59】寡妇们的智慧：最好的例子是《聊斋志异》1391—1401页，《仇大娘》。在这个故事中，一位年轻的寡妇将亲生儿子留在亡夫家，随后回到娘家，帮守寡的继母守住家中田产，并抚养两个异母弟弟长大。

【60-65】《细柳》：《聊斋志异》1019—1025页；狄瓜拉，966—973页。

【65】《聊斋志异》中的其他故事：邻居夺走寡妇家产，1210、1284页；诉讼与暴力，672、878、907、975、1391页；纵欲无度，308、668、757、1417、1428页；赌博，532、1270、1473、1534页。

【65】寡妇吴氏：《郯城县志》卷七，叶20b。关于血亲之间的领养，见鲍来思(Guy Boulais)《大清律例便览》(*Manuel*)，186—187页（386节）。

【65-66】寡妇安氏：《郯城县志》卷七，叶21。

【66】寡妇高氏：《郯城县志》卷七，叶28b—29。

【66】继承法：《读例存疑》，247页（078.02条）；斯当东(Sir George Staunton)《刑律》(*Penal Code*)，526页附录12A。《刑律》规定，没有子嗣的寡妇可继承亡夫的部分财产，但如果改嫁则罚没该财产；有子嗣的寡妇再嫁时，根据她是如上述吴氏那样带着孩子改嫁还是将孩子留在夫家，情况有所不同。蒲松龄小说中就有一个抛弃孩子的例子，见《聊斋志异》927页，《牛成章》。丈夫对妻子再嫁的矛盾心情，见前书，96、191页；担心再婚后孩子被继父母虐待，见前书，1024、1322页。

【67】陈家对彭氏的刁难：《福惠全书》叶 145a。关于窃牛的罪名，见《读例存疑》677 页（270.06 条）。关于山东农场的牛，见杨懋春《一个中国村庄：山东台头》，48；关于贫穷村塾的课程及管理，144—145 页。

【67】选定继承者：《读例存疑》，页 247(078.02 条)；鲍来思《大清律例便览》，189 页（398 节）。

【68】陈连的叔叔：《福惠全书》叶 145a—b；鲍来思《大清律例便览》，188、190 页（393 节、400 节）。

【68】复仇相关条例：《读例存疑》，962 页（323.00 条）；鲍来思《大清律例便览》，624—625 页（1444—1446 节；在 1448 节，鲍来思列举了一个后来的案例，在该案中，儿子时隔十年才为母亲报仇）；斯当东《刑律》，352—353 页（323 节）。

【69】陈连遇害：《福惠全书》叶 145b—c。

【70】殴打亲属：《读例存疑》，930 页（317.00 条）；鲍来思《大清律例便览》，611—612 页（1410 节）；斯当东《刑律》，344—345 页（317 节）。

第四章　争斗

【71】蒲松龄的家庭：《蒲松龄集》，252 页；普实克译《有关蒲松龄生平的两份资料》，见普实克《中国历史与文学》，86 页。（我用一些代名词代替了蒲松龄的第三人称主语，力让这段文字的表述更清晰。）

【71-72】家庭矛盾：《聊斋志异》1580—1587 页，《曾友于》；翟理思译本，193—201 页。蒲松龄写过一个故事，同样围绕顺治选良家妇女入后宫一事展开，见《聊斋志异》1291 页。

【73-80】《崔猛》：《聊斋志异》1127—1134 页；狄瓜拉，1289—1298 页。这个故事有许多模仿英雄故事以及《水浒传》的痕迹，并非典型的蒲氏叙述风格。《水浒传》对明末山东百姓的影响，见朱永德《白莲教》，115—116 页。

【81】王三：《福惠全书》叶 197b，记载了王三过往生平和使用过的其他姓名。于七之乱的细节，见《莱阳县志》(卷末附记)，叶 5b—6。蒲松龄有许多故事都以于七之乱为主体展开，如《野狗》,《聊斋志异》70 页；《公孙九娘》，477 页。

【81】李东振：黄六鸿在两篇长报告中详细记载了此案，见《福惠全书》叶 140—141d、196d—200a。

【81】公然挑衅：《福惠全书》叶 140b、197c。杨懋春《一个中国村庄：山东台头》169—170 页讨论了在山东乡村，若公然挑衅致使当事人"颜面尽失"，是非常严重的事。

【81】凶杀案:《福惠全书》叶 140c—141a。

【82】指控:另有一件出于复仇的抢劫杀人案件,见《郯城县志》卷七,叶 25。在该案中,匪人于 1650 年劫掠归昌时,"仇杀"了孙氏的生员丈夫。"仇杀"并非《大清律例》中贼盗项下的单独类目;见《读例存疑》,589—622 页(266 条)。

【82】王三作担保:《福惠全书》叶 197c。

【82】二十四个无赖:在《福惠全书》叶 39c、d 中对此有所描述。这里的描写与《水浒传》中的山东也有很多相似之处:宋江听闻知县捕叛乱分子的计划时,是一名衙役,因此得以警告他们;李逵是江州的狱卒。见欧文(Richard Gregg Irwin)《一部中国小说的演进》(*Evolution of a Chinese Novel*),123、132 页。

【82】余彪:《福惠全书》叶 197d—198a。

【83】管明育:《福惠全书》叶 197d—198a。

【84】知县的兵马:兵力,《郯城县志》卷三,叶 17b—25;僚属及其薪俸,《郯城县志》卷三,叶 16b—17b;骑兵与步兵的比例,见《重修郯城县志》(1763)卷四,叶 16b—17。黄六鸿对千总朱成名才干的描述,见《福惠全书》叶 70d。我猜测他与此案中的"朱君"为同一人。马夫与营兵的冲突,见《福惠全书》叶 70c。那年夏季的马匹状况,见《福惠全书》叶 40c。

【84-85】赶往重坊集:《福惠全书》叶 198b。关于黄六鸿记录之准确,有个惊人的例子:在他的记录中,该年农历六月仅有二十九天而非三十天,因此农历七月一日是六月廿九的"翌日",而农历历书显示康熙九年确实如此。

【85-86】对战:《福惠全书》叶 198c—199b。

【86】逮捕与恐慌:《福惠全书》叶 199c—d。

【86】"杀一家三人"罪:《读例存疑》,815 页(287 条);斯当东《刑律》,308 页(287 节);鲍来思《大清律例便览》,551 页(1249 节)。

【87】王三在邳州的基地:《福惠全书》叶 199b。

第五章　私奔的女人

【89】贞烈志:明及清初的贞烈传,见《郯城县志》卷七,叶 19—30b。

【89-90】妇人高氏的例子:《郯城县志》卷七,叶 19b—20。蒲松龄的故事《李司鉴》中,有使用城隍庙作为自杀和宣告场所的惊人事例,见《聊斋志异》426 页(狄瓜拉,337 页;删节版见翟理思译本,212—

213页）。根据蒲公的描述，李司鉴为永年县举人，1665年因杀妻被捕。在被押解往衙门受审途中，他挣脱守卫，从路边的肉摊夺下一把屠刀，跑到神隍庙，跪于神像前哭道："神责我不当听信奸人，在乡党颠倒是非，着我割耳。"随即将自己的左耳割落，抛在地上。接着他又哭道："神责我不应骗人银钱，着我剁指。"又将左手一手指剁去。又说："神责我不当奸淫妇女，使我割肾。"随即自阉，后因伤势过重而死。

- 【90】贫家妇女自杀：两件案例都见于《沂州志》：卷六叶37是住在郯城北的妇人刘氏；卷六叶41是住在郯城辖区内的小商贩的妻子，是罕见的有孕之身自尽的案例。

- 【90】另一位刘氏：《郯城县志》卷七，叶20b。

- 【90】十三岁的少女：《重修郯城县志》(1763) 卷十，叶9，《列女传》后附的传记"王氏"，是对该少女生平的补充说明。《聊斋志异》页78，有一个孤女住在未婚夫家中，年仅九岁就遭未婚夫强暴；《聊斋志异》页1283—1286，蒲松龄创作了一个未婚女子忠于未婚夫的动人故事，《乔女》。

- 【90-91】记忆：妇人王氏的公公会在后文出现；社长郁纯，《重修郯城县志》(1763) 卷九，叶9b；寡妇范氏，《郯城县志》卷七，叶29b。

- 【91】妇人谢氏与田氏：《郯城县志》卷七，叶22b—23。（我将中国人的虚岁一律改为西方惯用的实岁。）

- 【91】妇人何氏：《郯城县志》卷七，26b。

- 【91】妇人陈氏：《郯城县志》卷七，叶22b；她丈夫是杜之栋，于1651年遇害。《重修郯城县志》(1763) 中，陈氏的故事被删去了一些生动的细节，增添了一段带有说教色彩的对话，因而冲击力被弱化了。

- 【91-92】其他生还者：徐氏，《郯城县志》卷七，叶29；杨氏，卷七，叶23b；高氏，卷七，叶28b。

- 【92-93】张氏妇：《聊斋志异》1527—1528页，《张氏妇》这篇故事是乾隆版蒲松龄作品集中被删除的篇目之一（本书略去了故事的后半部分）。

- 【93-94】宗生：《聊斋志异》682页，《荷花三娘子》，狄瓜拉，860页。

- 【94】妇女的价码：十五两，《聊斋志异》601、1387页（1022—1023页，十夜三十两）；一千两，同前书，709页；二百两，同前书，791页；一百两，同前书，883页；十两，同前书，423页；三两，同前书，431页。参见韩书瑞《千年末世之乱：1813年的八卦教起义》282页，提到一名妇女被标价十两银子，一个十一岁的男孩标价一两银子。

- 【95】蒲松龄的性描写：离异，1110、1156页；复仇，368、374、1404页；

同性恋文人，317、1530、1573 页；姿色平平的女子，642、1107、1283 页；夜叉，353 页；强壮的妇女，1243 页；私生子，311 页；处子之身，929 页（关于麻姑生于郯城，见禄是道《中国民间崇拜》卷七，1118 页）；幽默与性，1268 页。

【95】妇人颜氏：《聊斋志异》766—769 页。

【95-97】《窦氏》：《聊斋志异》712—714 页。在这个故事长而复杂的结尾中，冷血无情的勾引者南三复遭到了天谴。

【97-103】《云翠仙》：《聊斋志异》748—754 页；狄瓜拉，1097—1104 页。

【103】女性人口较少：《续修郯城县志》（1810）叶 34—38，提供了按性别和是否成年分类的人口数目；黄六鸿也讨论过杀婴，见《福惠全书》叶 364d；杨懋春《一个中国村庄：山东台头》第 10 页讨论了低报人口；《郯城县志》卷七有关于《贞烈传》富户男子三妻四妾的描述。

【103】进入任家：《重修郯城县志》（1763）描述了另一名妇人王氏。

【104】王与任：夫妻二人生活的细节，可从黄六鸿书中的报告得知；同前书叶 167c，任氏对自己工作的证词，叶 169a，王氏缠足的尸检报告，叶 168a，道士对王氏私奔一事的证词。王氏逃走的日期，由其死亡日期倒推，应在康熙十年十二月下旬。

【104】私奔路线：《郯城县志》卷二，叶 8。

【104】邳州：出郯城后的水路路线，见《郯城县志》卷二，叶 8。邳州的天灾，列于《邳州志》卷三叶 2，卷四叶 17，卷五 1，卷六叶 6b。邳州的州治在 1689 年迁至新址，更靠近郯城边界。

【105】郯城县城：巡逻人员与询问旅客，《福惠全书》叶 359a、b；客栈黑店，叶 127b，尤其提到那些进城处理诉讼的人（黄六鸿说，这些客栈店主也与衙役勾结，后者会拖延官司来牟利）；住店登记，叶 247b、c；夜间规定，叶 262d—263b。黄六鸿提到，1670—1672 年他在郯城严格执行这些保甲法令，见叶 215c。

【105】马头镇：遭劫掠，《郯城县志》卷九叶 9b，卷七叶 27（姚氏）；《重修郯城县志》（1763）卷五，叶 18b；驻防军队随后驻扎于马头，共十八名骑兵与六十名步兵，见《重修郯城县志》（1763）卷四，叶 16b。早前在明朝，当地曾有一位官阶不高的税官，卷七，叶 20b；市集，卷四，叶 9b；庙宇、节庆、园林，卷四，叶 6—12；医生，卷九，叶 18。一般的商业生活，见《福惠全书》叶 73c—74c。

【105】妻子可自由离开：鲍来思《大清律例便览》，页 300，《观察》（"Observations"）。

【106】宁阳案例：沈之奇《大清律辑注》，卷一九，叶 9b—10。

【106】逃离夫家的妇女:《读例存疑》,312页(116.00.5条);斯当东《刑律》,121页(116节)。其他窝藏逃犯者,见斯当东《刑律》,228、236页(217、223节)。

【106】通奸相关法律:《读例存疑》,1079页(366.00条);斯当东《刑律》,404—405页(366节);鲍来思《大清律例便览》,680—6812页(1580—1584节)。斯当东书中的杖责次数,和其他资料不同。

【106】丈夫的复仇:《读例存疑》,783页(285.00);斯当东《刑律》,307(285节);鲍来思《大清律例便览》,546—547页(1232—1235节)。

【107】旅途生活:阴阳学官,《郯城县志》卷二,叶3b。不同的职业,见于布鲁纳特(H. S. Brunnert)与哈盖尔斯特洛姆(V. V. Hagelstrom),430页(编号850)。关于小贩,见《福惠全书》叶101d;逃犯能找到的工作,叶214b;逃犯的普遍存在,叶72d。关于该时期山东逃犯人数之众的讨论,参见藤田敬一《清初山东》,133页。

【108】捕壮魏某:《福惠全书》叶215c—216b。

【109】诈骗:《福惠全书》叶218—219a。

【109】船夫:《福惠全书》叶359d—360a,采自《未信编》。

【108-109】女性的工作机会:媒婆与保人,《福惠全书》叶151b、209a;育婴堂、养济院,叶313c,363c、d(黄六鸿提到一些育婴堂有九十多名乳妇,但郯城恐怕没有这种规模的机构);赌博与士绅设立的妓院,叶269d、270b。妓院是道德败坏的象征,也是赃物频繁交易的中心,但黄六鸿的烦恼并不仅仅因为如此,他还认为,在光顾妓院后,驿使会筋疲力尽地睡到日上三竿,甚至骑马离开时仍茫然若失、心不在焉,叶344d—345a。

【110】三官:"三官"的教义概述,见沃纳(T. C. Werner)《中国神话》(*Chinese Mythology*),400—403页。见王斯福(Stephan Feuchtwang)《台湾家庭与社区崇拜》("Domestic and Communal Worship in Taiwan"),收录于武雅士编《宗教与仪式》(105—129页),112—113页。这里提及的三官庙似乎是一座很小的乡村寺庙,并非《郯城县志》卷四叶7记载的三座寺庙之一。

【110】在庙中:这些对话都记录在高某的证词中,《福惠全书》叶168a、b。

【110】笞刑:《读例存疑》,页889(302.00条);斯当东《刑律》,324—327页(302节)。

【111】离异相关法律:《读例存疑》,312页(116条);鲍来思《大清律例便览》,300—303页(633—645节);斯当东《刑律》,120—122页(116节)。

【112】妇人王氏生命的最后两个月:黄六鸿猜测任某打算一找回妻子,就

将其杀害,叶168d。那床新草席在他对案情的描述中屡屡被提及。《福惠全书》叶294a—c描述了下至村乡级别的善恶行为记录。

【112】严寒:黄六鸿的记录称当时正在下雪。平均气温见马克·贝尔,45、46、53页,以及卜凯《统计数据》7页表5。山东贫苦人家的细节,见杨懋春《一个中国村庄》,38—40页。

【112】争吵:《福惠全书》叶168d。

【112】她的衣物:《福惠全书》叶169a。

【112】冬湖:《聊斋志异》580页。

【112】冬日的山:《聊斋志异》1261页。

【112】房间:《聊斋志异》150页。

【112】花苞:《聊斋志异》439—440页。

【112】脸与手:《聊斋志异》294、282页。

【112】她的微笑:《聊斋志异》1182、1433页。

【112】卧榻:《聊斋志异》1280—1281页。

【113】按摩:《聊斋志异》637、1001、774、908页。

【113】瘤:《聊斋志异》60—61页。

【113】疲倦:《聊斋志异》1268页。

【113】她的仰慕者:《聊斋志异》647页。

【113】一扇扇门:《聊斋志异》394页。

【113】院内秋千:《聊斋志异》647—648页。

【113】船:《聊斋志异》706页。

【114】风:《聊斋志异》1261页。

【114】云朵与星星:《聊斋志异》416页。

【114】阶梯:《聊斋志异》342页。

【114】果子美酒:《聊斋志异》300页。

【114】牡丹与茶花:《聊斋志异》1548页。

【114】从未见过的乐器:《聊斋志异》947页。

【114】妇人的咏唱:《聊斋志异》59页。

【114】轻风与鸟儿:《聊斋志异》985 页。

【114】鞋与晨露:《聊斋志异》535、538 页。

【114】高塔:《聊斋志异》1525—1526 页。

【115】他颤抖着:《聊斋志异》855 页。

【115】食物与夜壶:《聊斋志异》861—862 页。

【115】绣花鞋:《聊斋志异》1588 页。

【115】女人的帽子:《聊斋志异》724 页。

【115】化妆品与棉质蹴鞠:《聊斋志异》1001 页。

【115】透明的球:《聊斋志异》371 页。

【115】高塔消失:《聊斋志异》1526 页。

【115】鼻涕与姑娘:《聊斋志异》122 页。

【115】嘴里满是泥土:《聊斋志异》1535 页。

【115】蛇:《聊斋志异》172、579 页。

【115】水、人群:《聊斋志异》585 页。

【116】王氏之死:黄六鸿的尸检报告,《福惠全书》叶 169d。

【116-117】任某的说辞:《福惠全书》叶 167c、d。

【116】尸体:《福惠全书》叶 169a。

终曲:审判

【117】第一日:《福惠全书》叶 167c、d。黄六鸿用口头对话的形式描述了审判首日的经过,加强了他叙事的"传奇"风格,但我推测他只是将原供词提炼摘要了。

【117】诉讼程序:代书与诉状,《福惠全书》叶 49、120a;诉状封存,叶 119—121;临时差票,叶 123x—124a;郯城监狱,《郯城县志》地图、卷二,叶 4。

【118】监狱:虐待,《福惠全书》叶 151a—152c(卜德 [Bodde]《监狱生活》["Prison Life"] 非常夸张地描述了类似的情况,该内容取材自方苞 1712—1713 年的经历);改善方法,叶 152d—153a、154;组织制度,叶 153。

【118-119】第二日:《福惠全书》叶 167c—168c;审判程序,叶 128b—129c;

调查程序，叶 130。

【120】第三日：《福惠全书》叶 168c—169c；尸检程序，叶 164、173—175。

【121】城隍：黄六鸿常利用城隍来威吓当地负责税收的里胥、户长等，《福惠全书》叶 109a、b。蒲松龄在《胭脂》中描写了一位知县为相似目的利用城隍庙。

【121】第四日：《福惠全书》叶 169c—170d；责打致死，叶 40c、53d；枷刑，叶 131c。

【122】饿鬼：妇人田氏，《郯城县志》卷七，叶 24b；艾亨（Emily Ahern）《死者崇祀》（*Cult of Dead*），241—244 页；焦大卫（David K. Jordan）《神·鬼·祖先》（*Gods, Ghosts and Ancestors*），33—36 页；黄六鸿论她的幽魂，叶 170a；拨出三两安抚死者家庭，叶 53，在这个案例中，该家庭也得以免去一丁的赋税。

参考文献

（按汉语音序排列）

《八旗通志》(1739)，台北：台湾学生书局（影印），1968年。

《曹州府菏泽县乡土志》一卷，1908年；台北：成文出版社（影印），1968年。

《东光县志》八卷，1693年。

《费县志》(1689)十卷。

《海州直隶州志》三十二卷，1811年；台北：成文出版社（影印），1970年。

《会典事例》，台北：志文出版社影印，1963年。

《莱阳县志》三十四卷，1935年。

《临沂县志》十四卷，1916年。

《邳州志》(1851)二十卷，台北：成文出版社（影印），1970年。

《蒲松龄集》两卷，上海：中华书局，1962年。

《蒲松龄研究资料》两卷，香港：陶斋书屋，1974年。

《山东地方史讲授提纲》，济南：山东人民出版社，1960年。

《山东通志》两百卷，1911年。

《山东通志》六十四卷，1678年。

《邵氏武府续志》十卷，1670年。

《实录》，台北：华文书局（影印），1964年。

《宿迁县志》十九卷，1875年。1965年重印。

《郯城县赋役全书》一卷，1897年。

《滕县志》十四卷，1832年。

《续修博山县志》十五卷，1937年；台北：成文出版社（影印），1968年。

《续修郯城县志》十卷，1810年；台北：成文出版社，1968年。

《沂州府志》三十六卷，1760年。

《沂州志》八卷，1674年。

《峄县志》十卷，1671年。

《重修郯城县志》十二卷，1763年。

《重纂邵武府志》三十卷，1900年版；台北：成文出版社（影印），1967年。

《淄川县志》八卷，1743年。

《邹县志》三卷，1716年。

程正揆《沧州纪事》，见《荆驼逸史》第32册。

法式善《清秘述闻》（1798年），十六卷，台北：文海出版社（影印），无出版日期。

李渔《资治新书》十四卷，1663年；二十卷，1667年。

刘阶平《聊斋编年诗集选注》，台北：中华书局，1974年。

潘杓灿《未信编》六卷，1684年。

彭孙贻《平寇志》（1628—1661），十二卷，国立北平图书馆，1931年。

沈之奇《大清律辑注》，三十卷，1715年著，1755年刊行。

孙廷铨《颜山杂记》四卷，1665年。

谈迁《国榷》全六册，1655年；北京：中华书局，1958年。

王植《郯城尹黄思湖传》，《崇德堂稿》卷四。

谢国桢《清初农民起义资料辑录》，上海：上海人民出版社，1956年。

薛允升《读例存疑》五卷，黄静嘉编，台北：成文出版社，1970年。

张曜《山东军兴纪略》二十二卷，台北：文海出版社（影印），1968年。

郑天挺等《明末农民起义史料》，北京：开明书店，1952年。

陈万鼐《洪昇研究》，台北：台湾学生书局，1970年。

何满子《蒲松龄与聊斋志异》，上海：上海出版公司，1955年。

景甦、罗仑《清代山东经营地主底社会性质》，济南：山东人民出版社，1959年。

李文治《晚明民变》，香港：远东图书公司，1966年。

路大荒《蒲柳泉先生年谱》，见《蒲松龄集》，1745—1801页。

杨柳《聊斋志异研究》，南京：江苏文艺出版社，1958年。

杨仁恺《聊斋志异原稿研究》，沈阳：辽宁人民出版社，1958年。

张景樵《聊斋志异原稿考证》，台北：商务印书馆，1968年。

章沛《聊斋志异个别作品中的民族思想》，《文学遗产》1958年A06期，269—280页。

禚梦庵《郯城沂南诗社》，《山东文献》第二卷第四期(1977年)，57—58页。

横山英《咸丰期山东の抗粮风潮と民团》，《历史教育》第12卷第9期（1964年9月），42—50页。

藤田敬一《清初山东における赋役制について》，《东洋史研究》第24卷第2号（1965年9月），127—151页。

西村元照《清初の土地丈量について》，《东洋史研究》第33卷第3号（1974年12月），102—155页。

中村治兵卫《清代山东の学田》，《史渊》第64辑(1955年2月)，43—63页。

——《清代山东の学田の小作》，《史渊》第71辑（1956年12月），55—77页。

ARTHUR HUMMEL, ed. *Eminent Chinese of the Ch'ing Period*, 2 vols. Washington, D.C., 1943-44.

ARTHUR P. WOLF, ed. *Religion and Ritual in Chinese Society*. Stanford: Stanford University Press, 1974.

CHAN HOK- LAM. "The White Lotus- Maitreya Doctrine and Popular Uprisings in Ming and Ch'ing China," *Sinologica*, Separatum Volume 10(1969): 211-33.

CHANG CHUN- SHU AND CHANG HSÜEH-LUN, "The World of P'u Sung-ling's Liao-chai chih-i: Literature and the Intelligentsia during the Ming- Ch'ing Dynastic Transition," *Journal of the Institute of Chinese Studies* (Chinese University of Hong Kong) , 6:2(1973): 401-23.

DAVID D. BUCK, "The Provincial Elite in Shantung during the Republican Period: Their Successes and Failures." *Modern China*, 1:4 (October 1975): 417-46.

DAVID K. JORDAN, *Gods, Ghosts, and Ancestors: The Folk Religion of a Taiwanese Village*. Berkeley: University of California Press, 1972.

DERK BODDE, "Prison Life in Eighteenth-Century Peking," *Journal of the American Oriental Society*, 89(1969): 311-33.

—— AND CLARENCE MORRIS, *Law in Imperial China, Exemplified by 190 Ch'ing Dynasty Cases*. Cambridge, Mass.: Harvard University Press, 1967.

EMILY AHERN, *The Cult of the Dead in a Chinese Village*. Stanford: Stanford University Press, 1973.

GUY BOULAIS, *Manuel du code chinois*. Variétés sinologiques, no. 55. Shanghai, 1924.

H. S. BRUNNERT AND V. V. HAGELSTROM, *Present Day Political Organization of China*. Translated by A. Beltchenko and E. E. Moran. Shanghai: Kelly and Walsh, 1911.

HELEN DUNSTAN, "The Late Ming Epidemics: A Preliminary Survey." *Ch'ing-shih wen-t'i*, 3:3(1975) :1-59.

HENRI DORÉ, *Recherches sur les superstitions en Chine*. Variétés sinologiques, no. 48: *Le panthéon chinois* (fin); Variétés sinologiques, no. 49: *Popularisation du confucéism*....Shanghai: Imprimerie de la Mission Catholique, 1918.

HERBERT A. GILES, trans. *Strange Stories from a Chinese Studio*. Rev. ed. London : T. W. Laurie, 1916.

HO PING-TI. *Studies on the Population of China, 1368-1953*. Cambridge, Mass.: Harvard University Press, 1959.

HSIAO KUNG-CHUAN. *Rural China: Imperial Control in the Nine-teenth Century*. Seattle: University of Washington Press, 1960.

IRWIN, RICHARD GREGG. *The Evolution of a Chinese Novel: Shui-hu-chuan*. Cambridge, Mass.: Harvard University Press, 1966.

JAMES LEGGE, *The Chinese Classics*. 5 vols. Rev. ed. Oxford: Clarendon Press,

1893-1895.

JAMES ROBERT HIGHTOWER, *Topics in Chinese Literature, Outlines and Bibliographies*. Cambridge, Mass.: Harvard University Press, 1926.

JAROSLAV PRUŠEK, *Chinese History and Literature: Collection of Studies*. Dordrecht: D. Reidel, 1970.

JOHN LOSSING BUCK, *Land Utilization in China: A Study of 16,786 Farms in 168 Localities....* II: *Statistics*. III : *Atlas*. Nanking: University of Nanking Press, 1937.

JOHN LYMAN BISHOP, *The Colloquial Short Story in China: A Study of the San-yen Collections*. Cambridge,Mass.: Harvard University Press, 1956

JOHN SHRYOCK, *The Temples of Anking and Their Cults: A Study of Modern Chinese Religion*. Paris: Geuthner, 1931.

LUDOVICO NICOLA DI GIURA, trans. *I Racconti Fantastici di liao* [translation of P'u Sung-ling's *Liao-chai chih-i*]. Milan: Arnoldo Mondadori [1926], 1962.

MARK A. BELL, *China: Being a Military Report. on the Northeastern Portions of the Provinces of Chih-li and Shan-tung*; *Nanking and its Approaches; Canton and its Approaches; etc., etc.* 2 vols. Simla: Government Central Branch Press, 1884.

OTTO LADSTÄTTER, "P'u Sung-ling und seine Werke in Umgangs-sprache." Inaugural dissertation, Ludwig-Maximilians University, Munich, 1960.

RAMON H. MYERS, "Commercialization, Agricultural Development, and Landlord Behavior in Shantung Province in the Late Ch'ing Period." *Ch'ing-shih wen-t'i*, 2:8 (May 1972): 31-5.

RAY HUANG, *Taxation and Governmental Finance in Sixteenth-Century Ming China*. Cambridge: Cambridge University Press, 1974.

ROSE QUONG, trans. *Chinese Ghost and Love Stories: A Selection from the Liao Chai Stories by P'u Sung-ling*. New York: Pantheon, 1946.

SIR GEORGE STAUNTON, *Ta Tsing Leu Lee; Being the Fundamental Laws... of the Penal Code of China*. London, 1810; reprint ed., Taipei: Ch'eng-wen, 1966.

THOMAS METZGER, *The Internal Organization of Ch'ing Bureaucracy: Legal, Normative, and Communication Aspects*. Cambridge, Mass.: Harvard University Press, 1973.

WANG YEH-CHIEN. *Land Taxation in Imperial China, 1750-1911*. Cambridge, Mass.: Harvard University Press, 1973.

WOLFRAM EBERHARD, *Chinesische Träume und ihre Deutung*. Akademie der Wissenschaften und der Literatur, Abhandlungen der Geistes und Sozialwissenschaftlichen Klasse, Jahrgang 1974, nr. 14. Wiesbaden : Franz Steiner Verlag, 1971.

YAMANE YUKIO. See note on p. 137, under Huang.

YANG, MARTIN C. *A Chinese Village: Taitou, Shantung Province*. New York: Columbia University Press, 1945; paperback, 1965.

YUNG-DEH RICHARD CHU, "An Introductory Study of the White Lotus Sect in Chinese History with Special Reference to Peasant Movements," Ph.D. dissertation, Columbia University, 1967.

YVES HERVOUET, general editor. *Contes extraordinaires du pavillon du loisir, par P'ou Song-li*. Collection UNESCO d'oeuvres représenta-tives, 31. Série chinoise. Paris: Gallimard, 1969.

附录一：《福惠全书》卷十四

夫狱之原被具在，众证分明，可以按律问拟，事无难结。若夫一种疑狱：有黑夜杀人并无见证者；有旷野杀人无尸亲识认者；有作客他乡，为人谋害，而告及同行者；有共证其人殴杀，尸伤显然，而其人满口呼冤者。诸如此类，但宜细心审度，密加体访，未可自恃聪明，严刑煅炼，枉累无辜。

《书》曰："功疑惟重，罪疑惟轻。"又曰："与其杀不辜，宁释不经。"夫皋陶，圣人也，以圣人犹有称疑。圣人为士，犹释不经。夫才不如圣人，欲使案无疑牍，而强为摘服，冤及不经，又并无圣人之心，则吾不知其自居何等矣。

鸿任郯东时，疑狱颇多。姑举在郯一事，有类于疑狱者，述之以代一回传奇可乎。

郯之东，距城十五里，有社名归昌社。有民任姓者，父子二人皆甚贫。其子娶妻王氏，甫半载，而父析之，别居邻村，不三里许也。时值岁暮，方停讼。一日，其夫以奸杀事喊控，主名巨恶高某并其妻曹氏。遂出票差拘，会日晡，有邑人谢某，为藩宪刑南掾。其人素称谨厚，因来辞鸿赴班。鸿待之饭，询及民间近事，谢辄述其乡任姓妻与高某有奸，不知何故，又行杀害。阖乡哄传，为之切齿。鸿领之。次日早堂，一干犯证拘到，即时听审，遂问任某：汝妻高某因何杀死？身尸现在何处？

供云：我住处与高某止隔一林。他彼此往来，我常在外佣工，并不知道。于某日晚，我叫妻王氏与我缝小衣。吹灯睡了，只听得门响。起来出去看时，只见我妻子前走，高某持刀在后。高某妻子曹氏，站在他家门首点着灯等他。我怕他杀，不敢赶去，回来关门睡了。到五更天起来出去，只见妻子死在林傍空地上。我跑回归昌，告诉父亲，早起到县告状。

鸿问：你妻子是打死？是杀死？

供云：那时天尚未大明，不曾看见是怎样死的。只求青天作主。

随唤干证问之，供云：我是地方，在归昌住。任姓妻子如何死，我不知道。

唤高某至案，鸿作色怒，曰：我素闻汝是巨恶。汝既奸王氏，为何又害他性命？汝从实供招，免受刑罚。乃喝令该班选大夹棍伺候。

高某供曰：我为人性子不好，口快，尝得罪人，所以人都恼我。我若是恶人，老爷到县除了多少光棍，岂无人告发我！这任姓住处虽与我不远，我从不到他家往来，如何奸他妻子？

但两月前村头上有三官庙，是我香火。我走到庙里烧香，看见一个妇人在旁边屋里。我便问看庙道人：你是神庙，如何容留妇人在内？道人云：这是村里任某娘子，闻得跟人走了。任某寻了回来，他不敢回去，躲在这里。我因他是村里人，不好赶他。说话之间，恰好任某进庙来，对道人说：我妻子在你庙里？道人答云：在这里。任某便怒道：好道人把我妻子藏在庙里，都不与我知道。我因说任某：你自家妻子，为何到庙里，你不知道，还要道人说与你么？任某便横着眼，向我道：这等必定是你藏在庙里了。我听任某这话，不觉性子起来，将任某打了两个嘴巴。他便骂了出去。我随同道人，将他妻子送到归昌，说在庙里缘故，交与任姓父亲。他父亲留我与道人吃了茶，因狠骂道：这样淫妇我也没奈何。叫他汉子来，交与他，凭他去罢。我与道人便回来了。他妻子死了，却怎么赖我与他有奸，又杀了他？

随唤任某父，讯高某与道人送王氏一事。任某父所供同。又唤曹氏进问，据供：氏夫是晚在家睡觉，氏在厨房蒸年糕。只听外边锣响，忙出。开门看时，是一伙打更的在氏家门楼下烘火吃烟，氏便关门进来了。他妻子死不死，怎么知道？鸿听曹氏言，合之高某之供，于是将任姓父子收监，高某等押保。阖邑绅衿百姓闻之，共相骇愕曰：黄公平日廉明，岂今颠倒若是耶？抑亦高某营求而为情面所屈也。散衙后，差妥役立拔一签朱标，速唤某村某日夜巡更人等，于次日早回话。次日黎明，鸿单骑亲诣本村，至任姓所居下马，唤其邻人，将任姓房门开看。内惟桌笼及一草卧铺而已，铺上一新虎丘席，席下截有损裂长缝一条。铺侧有干粪饼一块。令门子视之，对曰：小户烧牛驴粪，此炊爨之遗也。鸿心疑之，命门子地上掘一小坎，以粪置坎，邻家取热水泡之。门子嗅而掩鼻曰：人屎也。

时有一女孩，约十余岁，不知鸿为官也，门前闲看。

鸿因问之：汝为任某邻乎？

曰：然。

任某之妻何以死也？

曰：任婶前晚还点着灯为任家叔缝衣，过了一会，两个不知怎的嚷闹起来，我们就睡了。遂令门子探数果与之，跃然而去。少顷，地方唤巡更人亦至，乃问地方：死者尸何在？地方指之曰：此浮瘗者是也。遂命启视之。方严寒，残雪在地，面色如生。上着一蓝夹衫，下一白单裤，其两足穿软底红布旧睡鞋一双，缠裹如故。遂唤村中老媪，命视周身有伤否。媪视毕，对曰：无。鸿又疑之，乃命媪扶其首，昂其颈而视之。喉左右有紫黑痕，如指顶大，各一。鸿再命视腹下，果有青伤如杯口大者一。盖喉间痕，因尸仰卧，且僵隐之颌下，腹间痕，因仓皇莫辨，非媪之弊也。遂命掩之，步至高某之门。地方出一椅，少憩，乃讯巡更人。皆曰：是晚轮我等支更，因高某家有门楼，好避风，好烘火。到三更时，林子里似有人行，犬遂吠。我等恐是歹人，乃鸣锣惊他。曹大娘听见锣响，开门问了一声，就进去了。我们到五更时，也都散了。任家死人的事，都不知道。

鸿乃归，密诫一家童，令其夜间潜匿城隍殿后寝宫，窃听任姓父子云何。恐汝微嗽，彼觉有人即作鬼态以饰之可也。是夜静，鸿步至城隍庙，密令家童随至大殿，因潜入寝宫。遂命皂役持朱签监钥，吊任姓父子至，以铁索系殿左右两柱。鸿举香朗祷于神曰：神昨夜告我，任姓妻子致死情由已悉之矣。但其死时情景鸿尚未尽明，愿神详以示我。更默祝数语，再拜而起。并谕任姓父子曰：我今命汝神前忏悔，当亟自省也。出，封其庙门。

诘旦黎明，鸿至启门。谢神，仍送任姓父子入监，童子随归。问之，童子曰：其父每询子，汝妻果何以死？不然县主素明，何以独袒高耶？子皆不答，惟以手捶胸叹曰：总之我该死耳。绝无一语及高某。鸿笑曰：得之矣。乃命带一干犯证至。

鸿唤任姓者进，以言慰之曰：夫死王氏者，汝也，奈何诬高某乎？然高某恃强挞汝之面，乌得无罪。汝妻不守妇道，辱及于夫。汝死之，宜耳，又何罪？任姓闻言乃叩头。鸿曰：汝将死汝妻之情形盍告我。亦惟叩头不言。鸿笑曰：汝纵不言，神皆告我矣，为汝述之可乎？汝从父接妻归，已蓄有杀之之心矣。是夜妻为汝缝衣，汝犹骂之。及其解衣就寝，汝乘其睡熟，乃以左膝压其腹，右手扼其吭，彼声不能出，仅以两足相撑，登时气绝。汝遂与穿衣，挟其尸而欲置高某之门，指尸图赖，以泄三官庙批颊之仇。及至林中，犬声乃吠，巡更者以为匪人之蹑迹也，相继鸣金。汝遂惧，不敢进，乃返而弃尸径傍，然乎？

于是任姓乃叩头大恸曰：公信神明矣，某复何言！

乃命将前情形逐一自供，令刑胥录之，与鸿所述无异。遂呼其父而告之曰：此汝子所为，汝不知也。但以死罪诬人，律当反坐，岂能为汝子贷乎？

其父叩头曰：子诚当死，但我年七十余，更无次子。子又无嗣，子死吾无养。任氏绝矣。

鸿遂具详报府，准父哀词。免拟任某重责枷惩，高恃强挞任之面，怀忿诬控，不为无因，且王氏贫无以殓，于高名下出银十两，给付其夫，限同乡地备棺埋葬，以慰幽魂，余俱省释。

或有问于鸿曰：君何以知任妻非高某死之也，而绝不加刑，又何以置任姓父子于监。知王氏之为伊夫所杀，而历历如见。岂果神明尽为告耶？鸿曰：是狱也，鸿初闻谢某之言，以为出于谨厚者之口，其任妻为高某所杀无疑。及其讯之，鸿故瞋目厉声，备大刑以俟，欲恐之以吐实也。而彼乃侃侃而谈，略无惧色，始觉其非理之直，何以能气之壮如是。若遽加之煅炼，彼即未肯诬服，而我不为滥及乎？殆听曹氏之供，语语可信，则知此与高某毫无干涉。然心知其为夫所死而未敢必也，所以羁任姓父子者，欲微行以访，不令彼知耳。及至其家，观其席与粪，启其尸，观其喉与腹之痕，其为膝之压手之扼而死者明矣。不然席新也，非两跗相蹙，胡为而下截之裂。粪，人秽也，非股力实逼，胡为而卧畔之遗。据供，伊妻前行，高某在后。彼妻所穿之鞋乃妇人寝食中物，非趀趀之葛屦也。况验其底迹绝无泥土。彼非神女，又安能驾空而行乎？其为伊夫之挟尸而出又明矣。所谓欲置高某之门者，彼行至中途，见曹氏闻锣出看，彼即诬之为倚门。见巡更之人御寒烘火，彼遂诬之为执灯。迨乎金犬交鸣，返而疾走，知其计不获行，遂掷尸而去。不然，时尚三更，彼胡为而西往，其尸之足又胡为而西指耶？鸿心虽了然自信，然舍高而究任，彼必不服。若再施以刑，是纵凶身而严苦主，又无以孚众论。不得已而为神道设教，并暗质所言。然后明斥其奸，使彼悚然知神之可畏，而俯首无辞耳。至于其父不知情，是又庙中夜询子，"妻果何以死"一语知之也。由是邑之人始深谅鸿于命案不敢草率从事也。虽然，王氏之未从高往，其辨诬在于一鞋，其夫急于诬人，虑不及此，亦高某之幸也。若使易日以间之木鞋，是夜巡更者不值，而卧其尸于高某之门，则高某之冤虽百喙奚辞。听讼者，虽无谨厚者之一言横于胸，吾恐三木之加不能先为高某贷矣。呜呼，良有司于疑狱，其慎之哉！（《刑名部四·人命上·疑狱》）

附录二:《郯城县志》卷九

成化十七年,大饥,人相食。

正德十年,地震。

十四年秋,八月,大水。

嘉靖三年冬,大饥,人相食。

六年,飞蝗翳空。

八年十月初八,星陨如雨。

十五年秋,大水。

十六年,有星陨于城中,昼视之则石也。

二十二年二月,大雪;三月十五日,地震。

二十五年夏,大水;八月二十六日,地震。

三十一年七月十三日,大水异常,城几陷,平地深一二丈余,漂浚居民房屋不可胜计。

三十二年大饥,斗米银二钱,盗贼蜂起,饿殍载道,非常之灾也。

四十五年十二月,雷鸣。

隆庆元年四月,涝沟乡雨雹,深尺许,麦禾尽杀。

三年七月十六日,大水。

万历二年七月十四日至十七日,大风泼水,横雨穿墙,房屋倾圮过半,禾稼淹没。是年大饥,斗米银一钱五分。

四年五月初一日,城西雨雹,宽五里,长三十余里。

六年,尚庄乡雨雹,深五寸。

七年正月元旦,雷震雪飞。

八年七月二十五日,青龙见于南城三里,首尾爪甲尽显,士民欢呼聚望,咸以为祥。

十二年六月,大雨,南门崩圮,压死守城夫二人。

七月,中雨甚,沭河溢,大水杀稼,城堞尽圮,城垣仅存十之二三,南门桥砖石漂没,各门关之外俱乘舟筏往来。

八月初,雨雹,大如鸭卵。凡前次水淹未及之处,禾尽空焉。

十二年大旱,自三月至七月不雨,稻禾尽枯。于七月十九日,忽沭河大水泛滥,淹没颇多。

十三年,春夏不雨,又被霜伤麦。

万历四十三年,蝗蝻遍野,禾稼一空,遂成大饥,人相食。父子夫妻兄弟不相保聚。或数十文钱,郎鬻其妻,一二馒首,郎鬻其子,流亡载道,非常之灾。

天启二年,白莲教妖贼煽乱,失陷邹滕峄郓诸县,百姓惑之,多携持妇子,牵牛驾车,裹粮橐饭,争趋赴之,竟以为上西天云。而民之流离毙命锋镝杀身者，不可胜记，真异变也。

天启七年夏，大霖雨，六月十七日沭水大涨，冲塌迎恩桥，声闻数十里。官民震惊。河中水深数丈，城壕两岸各塌十余步，平地水深六七尺，杀禾害稼，荡民田产，不可胜记。

崇祯六年四月，夏庄镇周近三十里大冰雹，二麦春禾一空。

崇祯九年秋，沂水泛涨，冲决洪福寺河堰，郯城西北至西南一面，宽三十余里，长七十余里一带，俱是大水漂没，庐舍一空。淹死民人无数，田野尽坏，民人大饥。

崇祯十年六月，沂河大水，冲决巷口社龙潭河口上下七十里，漂没居民庐舍，淹死穜稑田禾，黍稷稻豆高粱皆死。至冬春之交，遂成大饥。

崇祯十三年，春夏大旱，飞蝗遍野，害禾一空。未几，子出小蝗遍境，附壁入室，衣物尽蚀。缘城进县，民舍官廨悉焉塞满。釜笼掩闭，全不敢开。捕获数百千石，而蝗愈胜。秋稼全坏，阖境大饥。冬春数月，活人相食，父食其子，兄食其弟，夫食其妻，辄相谓曰："为人食不如吾自食，稍延旦夕之命。"又曰："与其父子兄弟夫妻俱毙，不如食父食兄食夫以自延其命也。"天理民彝至此殆哉。语曰：村疃亲朋不敢往来。此实非常奇灾也。

崇祯十四年春，泰安宁阳之交，史二姚三等土贼大起，结聚数万人流入沂郯。三月初一日，失陷李家庄。初四日，失陷马头镇。村疃陷落，焚掠一空。初六日，来攻郯城，扎营城南，关厢俱被焚掠。未几，异风大作，沙石如雨，白昼黑晦。贼因火炮入营，援众南遁至红花埠。家家掩门避风，不期贼至，比户杀伤，焚掠无余。于夏庄镇西三日而去，方圆四五十里焚杀甚多。郯民大伤。至冬十月，地震有声。

十五年十二月十一日，大兵破城屠之，官长俱杀，绅士吏民十去七八。城之内外共杀数万余人。街衢宅巷，尸相枕藉，残伤孑遗，践尸而行，民伤大半。至十六年正月初三日，大兵营于境内，南至沈马庄，沿沭河西北至沂州，上下七十余里，相连五十四营，驻扎一十二日。阖境焚掠，杀伤甚多。又攻破苍山堡，杀死人民男妇万余。

顺治元年三月十九日，闯贼陷京师，境内大乱，土贼蜂起，所在焚杀，数月不宁，人民大残。

九月，大兵来镇，沂州败兴始得安堵。

顺治六年七月，沂水大涨，冲决巷口社南崖上村河堰，马头镇东一带大水，上下五十余里，禾稼尽空。

顺治七年正月初七日，榆园流贼突至归昌集，周近三十里杀死人民无数，扎营过一宿而去。

顺治八年二月初十日，西山大寇王肖吾攻陷郯城，杀掳人民无数。举人杜之栋骂贼而死。生员颜尔卓掳去无踪。七日，沂沭两河水涨，四境淹没，新任知县张崇德到任，由马头镇平地乘船入郯城到任。阖县田禾尽空。

顺治九年六月，沂沭两河水俱泛涨，淹没禾稼，秋冬大饥。

顺治十四年秋初，大水害稼。

顺治十六年五月初，每日霖雨。至十六日，沂沭两河暴涨。二麦甫收未登场者，漂没一空，已登场者汩瀾全坏。五谷尽失，夏秋无收。遂成冬春异常大饥，斗米千钱。

康熙三年，彗星见于南方，地震有声。

康熙四年，冬春数月大旱，麦禾尽枯，布种全无。百姓慌慌欲乱，抚院周有德特疏奏闻。勅部大人蹋视，并放赈济。及大人至郯，又值霖雨浃旬，沂沭水涨，大人又乘船而去，覆奏遂免郯城本年一年钱粮。百姓稍安。

康熙六年五月，麦穗两岐，有至三岐四五岐者。至七月，穀秀多岐，又与麦同。知县金煜在任，士民作《麦岐颂》诵之。

康熙七年六月十七日戌时，地震号声自西北来，一时楼房树木皆前俯后仰，以顶至地者连二三次，遂一颤即倾城楼垛口官舍民房，并村落寺观一时俱倒塌如平地。打死男妇子女八千七百有奇，查上册人丁，打死一千五百有奇，其时也，地裂泉涌，上喷二三丈高，遍地水流，沟浍皆盈。移时即消化为乌，有人立地上如履圆石，辗转摇晃，不能站立，势似即陷。移时方定。阖邑震塌房屋约数十万间，其地裂处或纵宽不可越，或缝深不敢视。其陷塌皆如阶级，又层次裂缝，两岸皆又淤泥细沙。其所陷深浅阔狭，形状难以备述。真为旷古奇灾。如庠生李献玉，屋中裂缝，存积一空，献玉陷入穴中，势似无底，忽以水涌浮起，始得扳案而出。廪生李毓垣室中有麦一捆，陷入地中，仅存数握。又廪生高德懋夫妻子女家口共计二十九人，仅存一男一女，其余尽皆打死。其时死尸遍于四野，不能殓葬者甚多。凡值村落之处，腥臭之气达于四远，难以俱载，即此三家亦足以见灾震之祸烈而惨矣。(《灾祥》)

图书在版编目（CIP）数据

王氏之死 /（美）史景迁著；张祝馨译. -- 海口：南海出版公司, 2024. 9. -- ISBN 978-7-5735-0947-5

Ⅰ. D691.9

中国国家版本馆CIP数据核字第2024U7N619号

著作权合同登记号　图字：30-2024-132

THE DEATH OF WOMAN WANG
Copyright © 1978, Annping Chin
All rights reserved

审图号：《今郯城县范围》鲁临SG（2024）002号
《今郯城县位置》鲁临SG（2024）003号

王氏之死
〔美〕史景迁 著
张祝馨 译

出　　版	南海出版公司　（0898）66568511
	海口市海秀中路51号星华大厦五楼　邮编 570206
发　　行	新经典发行有限公司
	电话(010)68423599　邮箱 editor@readinglife.com
经　　销	新华书店
责任编辑	张　苓
特邀编辑	康腾岳　马希哲
营销编辑	王　玥　李　妍　王　珺　吴泓林
装帧设计	@muchun_木春
内文制作	王春雪
印　　刷	河北鹏润印刷有限公司
开　　本	850毫米×1168毫米　1/32
印　　张	5.5
字　　数	113千
版　　次	2024年9月第1版
印　　次	2024年9月第1次印刷
书　　号	ISBN 978-7-5735-0947-5
定　　价	49.00元

版权所有，侵权必究
如有印装质量问题，请发邮件至 zhiliang@readinglife.com